Landfrauen-Rezepte

Suppen & Eintöpfe

Doris Bopp • Fotos: Fridhelm Volk

ULMER

Inhalt

Inhalt

Geleitwort des
LandFrauenverbandes Württemberg-Baden

Liebe Leserin, lieber Leser!

„Eine gute Suppe ist ein halbes Mahl!" lautet ein Sprichwort. Suppen und Eintöpfe bereichern sowohl Alltagskost als auch Festspeisen. Sie stehen das Jahr hindurch auf dem Speiseplan – Ihr Abwechslungsreichtum entstand durch die Zutaten der Jahreszeiten, frisch aus dem Garten oder vom Markt. Die klaren Suppen mit verschiedenen Einlagen sind Bestandteil eines mehrgängigen Menüs, Gemüsesuppen und gebundene Suppen sind oft als Vorspeise für süße Hauptgerichte gedacht, herzhafte Eintöpfe vorwiegend für die kältere Jahreszeit.

In diesem Rezeptbuch finden Sie bewährte traditionelle Spezialitäten aus allen Teilen Deutschlands. Dabei wird das Spektrum der Suppen als Speise in Notzeiten bis hin zur Delikatesse deutlich. Das Besondere dieses Buches ist, dass zunächst die Grundrezepte und darüber hinaus zahlreiche Suppen- und Eintopfvariationen sowie Tipps aus der Suppenküche vermittelt werden. Es gelingt der Kochbuchautorin Doris Bopp, ihre fundierten hauswirtschaftlichen Kenntnisse weiterzugeben und den kulturgeschichtlichen Hintergrund einiger Speisen aufzuzeigen. Sie zeigt, dass Suppen und Eintöpfe aus Qualitätsprodukten bis heute zu einer gesunden Ernährung beitragen.

LandFrauen ist es ein wichtiges Anliegen, über regionale Lebensmittel aus der Saison und deren Verarbeitung zu informieren. Darüber hinaus sollen Produktionsprozesse transparent gemacht werden. Wer weiß, wie fortschrittlich die Landwirtschaft in der modernen Gesellschaft des 21. Jahrhunderts arbeitet, kann das reichhaltige Angebot an gesunden und nahrhaften Lebensmitteln umso bewusster genießen.

Suppen und Eintöpfe haben immer etwas Verbindendes für Leib und Seele – in diesem Sinne wünsche ich Ihnen beim Kochen viel Freude!

Gudrun Laible
Landesvorsitzende

Suppenkultur von der Steinzeit bis heute

Suppen und Eintöpfe sind aus unserem Speiseplan nicht mehr wegzudenken, denn schon seit uralten Zeiten begleiten sie die Menschen auf ihrem Lebensweg. Von der Steinzeit übers Mittelalter bis heute hat sich die Suppenkultur entwickelt. Nahrhaft, sättigend, belebend, erfrischend und wohltuend wirken die „flüssigen Speisen" auf uns. Eine Vielzahl von Rezepten bietet für jeden Geschmack das Richtige. Die Zutaten spielen eine wichtige Rolle und sollten immer sorgfältig ausgewählt werden. Jahreszeit und Saison, Frische und Qualität, Erzeugung und Reifegrad bestimmen das Angebot.

Suppen – gesund und lecker

„Eine gute Suppe kann einem Menschen nicht schaden" – so bringt ein Sprichwort die Sache auf den Punkt, denn Suppen sind in der Tat leicht, bekömmlich und nahrhaft. Sie belasten den Magen nicht und stillen den größten Hunger. Ihr Fettgehalt auf eine Mahlzeit bezogen ist dabei meist gering. Auch gehen die Mineralstoffe der verwendeten Zutaten kaum verloren, weil die Kochflüssigkeit zusammen mit den in ihr gelösten Nährstoffen verzehrt wird. Gemüse- und Cremesuppen enthalten außerdem viele gesunde Ballaststoffe.

Suppen sind vielseitig einsetzbar. Sie wecken den Appetit, indem sie den Magen auf die weitere Nahrungsaufnahme und Verdauung vorbereiten und die Verdauungsdrüsen anregen. Das ist ganz besonders wichtig bei älteren Menschen, Kranken und Genesenden. Nicht umsonst wird bei Erkältungskrankheiten schon von jeher eine heiße Hühnersuppe empfohlen. Und auch bei einem Kater nach einer feucht-fröhlichen Nacht kann eine kräftige Brühe wahre Wunder wirken.

Suppen dienen als Seelentröster und Magenwärmer und steigern unser Wohlbefinden. Sie können eine leichte Zwischenmahlzeit oder Teil eines Menüs sein. An einem deftigen Eintopf kann man sich aber auch richtig satt essen. Der Nährwert der Suppe sowie ihr Geschmack wird natürlich von den Zutaten bestimmt. Durch Hülsenfrüchte und Fleisch wird sie proteinreicher, Suppeneinlagen wie Reis, Nudeln oder Kartoffeln erhöhen dagegen den Kohlenhydratgehalt. Wohl kaum ein anderes Küchenerzeugnis lässt sich abwechslungsreicher gestalten als Suppen und Eintöpfe. Einen Beweis dafür liefert ein Blick ins internationale Küchen-Lexikon: Hier sind allein 1430 verschiedene Suppen-Rezepte verzeichnet!

Suppen begleiten uns durch das Jahr. Im Winter ist ein heißer Eintopf eine Wohltat, denn er wärmt den durchgefrorenen Körper schnell wieder auf. An einem heißen Sommertag dagegen bringt uns eine eisgekühlte Fruchtkaltschale die ersehnte Erfrischung. Ein Kräutersüppchen im Frühling lässt uns die ersten warmen Sonnentage erahnen. In einer kräftigen Kürbissuppe mit gerösteten Kürbiskernen und

Frisches Gemüse der Saison bringt Geschmack und Vitamine in die Suppe.

einigen Tropfen Kernöl zeigt sich der Herbst in seiner ganzen Farbenpracht.

Früher wurden Suppen schon am Vormittag gegessen wie zum Beispiel die einfache Milchsuppe – in die heiße Milch wurde Brot (meist altbackenes) eingebrockt und dann mit dem Löffel ausgegessen. Heute hat man die Gemüsesuppen wieder neu entdeckt, denn das immer stärker werdende Bewusstsein für eine gesunde Ernährung, der Einkauf auf Bauernmärkten, in Hofläden und Biogeschäften sowie der Eigenanbau von Gemüse hat glücklicherweise wieder einen großen Stellenwert erhalten.

Aber nicht nur auf dem Land, auch in der Stadt hat man die Suppenkultur neu entdeckt. In einem Zeitalter, in dem der Alltag durch Termine und Hektik bestimmt wird, ist eine schnelle, gesunde und nahrhafte Mahlzeit sehr willkommen. So wurden schon in vielen Großstädten Suppenbars eröffnet, in denen Gäste aus allen Bereichen – vom Studenten über den Bauarbeiter bis zum Manager – einträchtig ihre Lieblingssuppe löffeln oder eine Portion sogar mit auf den Weg nehmen können. Suppe ist wieder voll im Trend – Suppe ist Kult!

Lassen Sie diesen Kult auch in Ihrer Küche Einzug halten. Die unermessliche Rezeptvielfalt bietet Ihnen die Möglichkeit, je nach Jahreszeit und angebotenen Zutaten die geeignete Auswahl zu treffen. Und denken Sie dabei an das asiatische Sprichwort: „Suppen sind flüssiges Glück."

Das ist aber bei weitem nicht das einzige Sprichwort zur Suppe. Es gibt noch viele mehr und darüber hinaus einige Geschichten und Märchen, die zeigen, wie selbstverständlich die Suppe zu unserem Leben gehört: „Wer sich eine Suppe eingebrockt hat, soll sie auch selbst wieder auslöffeln."

Getreide war die Grundlage der allerersten Suppen.

Unzufriedene Menschen finden oft „ein Haar in der Suppe“. „Die Suppe versalzen“ bedeutet, jemandem etwas in den Weg legen. Das ist doch „klar wie Kloßbrühe“, oder?
Schon seit Jahrzehnten geistert die Geschichte vom Suppenkaspar durch unsere Kinderzimmer. In ziemlich drastischer, wenn nicht sogar grausamer Weise sollen damit Kinder angehalten werden, immer ihren Teller leer zu essen und auch eine Suppe nicht zu verschmähen. Ob hiermit der modernen Pädagogik Rechnung getragen wird, ist zu bezweifeln – dennoch lässt sich nicht abstreiten, dass fast jeder die Geschichte vom Suppenkaspar aus dem Struwwelpeter kennt.

Die Suppe im Lauf der Geschichte

Die Erfindung einer Suppe war vermutlich der Ursprung des Kochens. Bereits vor 9500 Jahren hat der Mensch die erste Suppe zubereitet. Dazu brauchte man ein Feuer und ein geeignetes Gefäß. Da es nur eine Feuerstelle gab, waren die Menschen gezwungen alles in einem Topf zu garen – und so entstand der erste Eintopf. Gerste, Weizen, Hafer, Hirse und andere pflanzliche Rohstoffe waren die Grundlage. Erst viel später wurden Suppen durch Fleisch zu einer noch gehaltvolleren Mahlzeit. Es entstanden, je nachdem was gerade an Gemüse und anderen Zutaten zur Verfügung stand, immer neue Variationen von Suppen und Eintöpfen.
Der vermutlich älteste bekannte Suppentopf einschließlich Holzschalen und Löffel wurde übrigens in der Nähe von Bruchsal an einer steinzeitlichen Herdstelle gefunden. Er stammt aus der Zeit um 5000 v. Chr.
Wie sehr die Suppe in der Antike geschätzt wurde, zeigt das Beispiel der in Ägypten üblichen Grabbeigaben. Forscher fanden im Grab eines reichen Ägypters neben Schmuckstücken auch Reste einer Gerstensuppe und einen Suppenlöffel. Dem Siegeszug der Suppe konnten sich auch die Griechen nicht entziehen. Sie bereiteten eine Art Eintopf aus zerstampftem Vollkorn mit Einlagen aus Erbsen und Linsen zu. Die Römer pflegten bereits eine höhere Suppenkultur: Flüssige Gerichte – unserer heutigen Bouillon ähnlich – nannten sie „potus“, von potare = trinken, woraus die Franzosen später ihre „potée“ (ein Eintopf mit Schweinefleisch) und ihre „potage“ (Suppe) machten. Die Germanen ernährten sich zur selben Zeit von „Mus“ – einem Eintopf aus Getreide, Gemüse und Fleisch.
Den richtigen Aufschwung erfuhr die Suppe dann im 12. Jahrhundert. Damals wurden sehr häufig Speck-, Sauerampfer-, Wein- und Fischsuppen gegessen. Solche Suppen findet man heute wieder auf den Speisekarten der Spitzenrestaurants.
Mit der Entdeckung Amerikas durch Kolumbus im Jahre 1492 wurde die Suppenküche durch Mais, Tomaten, Kartoffeln und neue Gewürze bereichert und dadurch noch viel abwechslungsreicher. Schließlich entstand unter Ludwig XIV. (1638–1715), der ein regelrechter Suppen-Fan gewesen sein soll, die feine Küche der Suppenrezepte. Er förderte auch

Heute wieder ganz aktuell: Sauerampfer wird schon seit dem 12. Jahrhundert zu Suppen verarbeitet.

den Anbau von Schwarzwurzeln, Spargel und Artischocken, aus denen sich edle Suppen zubereiten ließen.

Die Suppe als Armenspeise

In den Jahren 1816/17 herrschte eine große Hungersnot im gesamten süddeutschen Raum einschließlich des Elsass, des deutschsprachigen Teils der Schweiz und Vorarlbergs.
König Wilhelm I. von Württemberg und seine Frau Katharina regten die Einrichtung von Wohltätigkeitsvereinen an, deren Aufgabe es unter anderem auch war, im ganzen Land Suppenanstalten einzurichten. Die vom britischen Naturforscher und bayerischen Minister Benjamin Thompson, dem späteren Graf Rumford, hierfür kreierte „Rumfordsuppe" – ein vollwertiger, nahrhafter Eintopf – wurde bis nach England und Frankreich bekannt. Kurz darauf kam es auch in Baden zur Einrichtung von „Anstalten für die Zubereitung der so genannten Rumfordischen Nahrung". So wurde zum Beispiel in Leutkirch am 20. Februar 1817 eine Suppenküche eingerichtet. Die Chronik berichtet:
„Zur Kochung der rumfordschen Suppe wurde zur Probe gekauft und angeschafft: 6 Pfund guter Reis, 1/8tel Simmer Erbsen, Weißbrot, 6 Pfund Fleisch, 1/2 Pfund Salz, 1 Maß Essig, Weißmehl, 1/4tel Pfund Butter, Erdbirnen, Muskatnuß, Grünes – zusammen 6 Gulden 6 Kreuzer. Dies gab nun 86 Portionen, jede zu 1 Württ. Halbe, die an 64 bedürftige Personen je zu 5 Kreuzer die Portion abgegeben wurden. Ganz Arme erhielten umsonst 6 Portionen und auf Vorrat wurden 16 Portionen gehalten."

Regionale Spezialitäten

Brauchtum und regionale Besonderheiten spiegeln sich in vielen Rezepten wider. Ganz besonders in ländlichen Gebieten hat die Suppe eine lange Tradition und einen hohen Stellenwert auf dem Speiseplan. In den Rezepten findet sich alles, was Garten und Feld hergaben und -geben.
In Süddeutschland werden hauptsächlich klare Brühen mit Einlagen wie zum Beispiel Suppennudeln, Maultaschen und Flädle gekocht. In Gebieten, wo Grünkern angebaut wird, wie zum Beispiel in der Heilbronner Gegend, dem so genannten „Bauland", entstand die Grünkernsuppe.

Flädlesuppe ist eine typisch süddeutsche Spezialität.

Aus der weit verbreiteten Schafhaltung im Norden sind viele Rezepte hervorgegangen.

Auf den kargen Weiden der Hochfläche der Schwäbischen Alb sind seit Jahrhunderten Schafe als „Landschaftspfleger" gegen die Verbuschung der heute geschützten Wacholderheiden eingesetzt. Und auch im Norden gehören Schafe, die so genannten „Salzlämmer", als wollige Deichpfleger zum Landschaftsbild. Ihr Fleisch findet Verwendung in vielen deftigen Eintöpfen.

In den Küstengebieten Norddeutschlands und Schleswig Holsteins sowie entlang der großen Flüsse gibt es dazu natürlich Fischsuppen in allen Variationen. Aus Bayern wiederum kennt man die Käsesuppe – eine nahrhafte Spezialität von den Allgäuer Almen – und die berühmte Leberknödelsuppe. Typisch für Nordrhein Westfalen, aber auch für viele andere Regionen ist eine kräftige Kartoffelsuppe. Eine ganz besondere Variante davon gibt es in der Pfalz: Dort wird die Kartoffelsuppe mit Zwetschgenkuchen gegessen.

Hier findet man dazu, wie auch in anderen Weinanbaugebieten, die süße Weinsuppe auf den Speisekarten. Sie war früher als Kindbettsuppe bekannt. Verwandte brachten den Wöchnerinnen die kräftigende Suppe als Stärkung ins Haus. Heute wird die Weinsuppe auch als Beigabe zu Weindegustationen gereicht.

Was in Hessen die Äbbelwoisuppe, ist im Schwäbischen die Mostsuppe. Wo Bier gebraut wird, zum Beispiel in Franken, finden wir die Biersuppe auf der Speisekarte. Als eine ganz besondere Spezialität galt sie früher in Pommern. In Schleswig Holstein wird dieses Rezept durch die Zugabe von Rosinen abgewandelt und aus Ostpreußen kennt man es mit Arrak verfeinert.

Einflüsse aus den Nachbarländern wirken sich selbstverständlich auf die Rezepte der angrenzenden Regionen aus, denn Landesgrenzen sind keine Barrieren für kulinarische Besonderheiten. Ganz deutlich wird dies in den östlichen Bundesländern. Dort haben sich die russischen Nationalgerichte Soljanka und Borschtsch schon seit vielen Jahren eingebürgert. Die Nähe zu Frankreich zeigt sich in vielen Rezepten aus Baden und dem Saarland.

Suppen für besondere Anlässe

Brühen und Einlagen können Sie sehr gut auf Vorrat zubereiten, daher eignen sie sich be-

Erbsensuppe wärmt in den kalten Wintermonaten Leib und Seele. Die Gulaschsuppe ist eine klassische und beliebte Partysuppe.

sonders für Feste, Einladungen, Partys und wenn Überraschungsbesuch kommt. In allen Regionen Deutschlands gibt es spezielle, sich ähnelnde Rezepte für Suppen, die bei Hochzeiten serviert werden. Diese Hochzeitssuppen bestehen in der Regel aus einer klaren Brühe und verschiedenen Einlagen wie Siedfleisch, Gemüse, Klößchen, Flädle, Nudeln oder Maultäschchen. Der Inhalt dieser Suppe soll immer das Beste aus der jeweiligen Region sein.

Auf Partys wird gerne um Mitternacht eine kräftige Suppe gereicht, die sowohl die knurrenden Mägen füllen als auch munter halten soll. Sehr beliebt ist zum Beispiel eine kräftige Gulaschsuppe oder auch eine Gemüsesuppe mit Fleischeinlagen wie Fleischklößchen oder extra kleinen Frankfurter Würstchen. Solche Suppen müssen oft lange warm gehalten werden. Damit sie nicht am Topfboden ansetzen, sollten Sie darauf achten, dass zwischendurch immer wieder umgerührt wird. Übrigens lässt sich die Gulaschsuppe mit Kartoffelwürfeln und frischem Paprika ergänzen, wodurch sie pikanter und vollwertiger wird.

Früher war die überbackene Zwiebelsuppe bei Einladungen sehr beliebt. Heute ist sie fast in Vergessenheit geraten. Ein guter Tipp für eine ungezwungene Einladung ist auch ein Gemüseeintopf. Dieser kann gut vorbereitet werden und schmeckt fast allen Gästen. Mit Varianten bei der Fleischeinlage (Fleischklößchen, kleine Würstchen, gekochtes Rindfleisch) oder mit Croutons oder einem Klecks Créme fraîche für die vegetarische Variante sorgen Sie für Abwechslung.

Bei Treibjagden, die ja in der Regel im Herbst und Winter stattfinden, wird beim Schüsseltreiben – so wird die Essenspause genannt – gerne eine kräftige, heiße Erbsensuppe mit Würstchen gereicht. Jäger, Treiber und Hunde versammeln sich meist um ein großes Feuer. Eine Tasse dampfende Suppe wärmt die durchgefrorenen Menschen wieder auf. Die klammen Finger tauen auf und frisch gestärkt kann die Treibjagd weitergehen. Auch bei vielen anderen „Outdoor"-Veranstaltungen wie zum Beispiel Sport- oder Straßenfesten sind deftige Eintöpfe, besonders bei niedrigeren Temperaturen, beliebt. Auf Weihnachtsmärkten scharen sich gestern wie heute die Besucher um die Gulaschkanone, die einen deftigen Erbseneintopf birgt.

Tipps und Tricks für die Suppenküche

Gute Brühe richtig kochen

Die Basis einer guten Suppe ist die Brühe. Sie können sie aus Fleisch, Geflügel, Wild, Fisch oder Gemüse herstellen. Wichtig bei der Zubereitung sind folgende Schritte:

- Fleisch und Knochen unter fließendem Wasser gründlich abspülen. Beides zusammen mit kaltem Wasser aufsetzen. Dadurch werden die Fleischsäfte besser ausgelaugt und die Brühe wird kräftiger.
- Während des Kochvorgangs immer wieder abschäumen. Damit wird ein großer Teil der Trubstoffe entfernt und die Brühe wird klarer.
- Erst nach dem Abschäumen gibt man Salz und Suppengemüse (eventuell auch Lorbeerblatt, Nelken und Pfefferkörner) dazu und lässt die Brühe noch etwa eine Stunde kochen. Eine schöne Farbe erhält die Brühe, wenn Sie eine halbe Zwiebel zugeben, die an der Schnittstelle gebräunt wurde.
- Beim Garen im Dampfkochtopf wird nach dem Abschäumen und der Zugabe des Suppengemüses der Deckel geschlossen und die Brühe etwa 20 Minuten nach Gebrauchsanweisung gegart.
- Nach dem Kochvorgang wird die Brühe durch ein Sieb abgegossen und je nach Rezept weiter verwendet.

Klare Suppen mit Einlagen sind wegen ihrer Geschmacks- und Extraktivstoffe besonders appetitanregend. Sie können je nach Wahl und Menge der Einlage daraus eine leichte, kalorienarme Suppe oder einen sättigenden, nahrhaften Eintopf zaubern.

Die Brühe entfetten

Brühen sind leichter und besser verträglich, wenn Sie sie entfetten. Hierfür gibt es folgende Möglichkeiten:

- Das Fett während des Kochvorgangs immer wieder abschöpfen. Dabei kann aber nie das ganze Fett entfernt werden.
- Die Brühe nach dem Fertigkochen kalt stellen. Das Fett, das sich an der Oberfläche absetzt, können Sie nun sehr gut abnehmen. (Dies ist die einfachste und beste Methode.)
- Die Brühe in eine Fett-Trennkanne geben. Durch unterschiedliche Ausgusshöhen lässt sich das Fett, das sich oben absetzt, von der Brühe trennen.
- Das Fett an der Oberfläche der Brühe mit Küchenkrepp abtupfen.

Suppen haltbar machen

Brühen können Sie gleich in größeren Mengen zubereiten. Sie lassen sich sehr gut einfrieren. Kleinere Mengen können Sie zunächst in Eiswürfelschalen einfrieren, anschließend werden die Würfel in Gefriertüten aufbewahrt. Sie eignen sich sehr gut als Basis für Soßen.

Eine weitere Möglichkeit ist, die sehr heiße, fast noch kochende Brühe in Gläser mit Schraubverschluss abzufüllen. Hierzu werden die Gefäße randvoll gefüllt, mit dem Deckel verschlossen und für etwa 10 Minuten auf den Kopf gestellt. Lagern Sie die Gläser wie anderes Einmachgut kühl und dunkel.

Fast alle Arten von Suppeneinlagen lassen sich ebenfalls sehr gut einfrieren. Frieren Sie sie immer getrennt von der Brühe ein. Die Haltbarkeit beträgt etwa drei Monate.

Gebackene Suppeneinlagen wie Flädle schneiden Sie am besten erkaltet in Streifen und frieren sie portionsweise in Gefrierbeuteln ein. Für die spätere Zubereitung lassen Sie sie nur antauen und übergießen sie mit kochender Brühe, sie werden nicht mehr aufgekocht.

Gebundene Suppen und Eintöpfe eignen sich ebenfalls zum Einfrieren.

So haben Sie jederzeit eine herzhafte Mahlzeit bereit, wenn es einmal schnell gehen muss. Allerdings sollten Sie hier die Menge an Fett und Zwiebeln etwas verringern, da diese Bestandteile beim Tiefgefrieren den Geschmack nachteilig beeinflussen können. Die Haltbarkeit beträgt auch hier etwa drei Monate.

Die Suppe andicken

Es gibt verschiedene Möglichkeiten Suppen zu binden beziehungsweise anzudicken: mit Mehlschwitze, Sahne, Eigelb (legieren), Butter, Crème fraîche oder Mehlbutter. Die gesündeste Art ist die Beigabe von mehligen Kartoffeln, was sich besonders für Gemüsesuppen eignet.

Grundrezept helle Mehlschwitze

40 g Butter, 30 g Mehl, 1/2 l Brühe

Butter in einem Topf zerlassen, das Mehl zugeben und leicht hellgelb anrösten. Mit der Flüssigkeit ablöschen und gut durchkochen lassen.

Wenn Sie zum Ablöschen kalte Brühe verwenden, muss diese nach und nach zugegeben werden, damit keine Klümpchen entstehen. Dazwischen immer wieder aufkochen und fleißig rühren, damit nichts anbrennt. Kochende Flüssigkeit können Sie auf einmal zugeben. Alles aufkochen lassen und dabei mit einem Schneebesen gut durchrühren.

Für die **Mehlbutter** nehmen Sie einen Esslöffel zimmerwarme Butter und etwa die gleiche Menge Mehl. Beides verkneten Sie so lange mit einer Gabel, bis es sich gut vermischt hat. Diese Mehl-Butter-Mischung lässt sich zum Andicken von Suppen und Soßen verwenden. Rühren Sie sie mit einem Schneebesen gut unter die anzudickende Flüssigkeit und kochen sie die Suppe einige Minuten auf. Nicht zu kurz aufkochen, sonst schmeckt die Suppe nach Mehl!
Wenn Sie in Ihrer Gemüsesuppe ohnehin Kartoffeln als Zutat haben, reichen diese oft zum Andicken aus. So sparen Sie Butter und Mehl und somit viele Kalorien.

Die Brühe klären

Um eine besonders klare Brühe zu bekommen, können Sie sie klären. Hierfür wird die Brühe zunächst kalt gestellt. Dann werden etwa 250 g sehnenreiches, mageres Fleisch (zum Beispiel Rinderwade oder andere Beinabschnitte vom Rind) durch den Fleischwolf gedreht und mit zwei Eiweiß gut verknetet. Dieses so genannte Klärfleisch wird mit dem Schneebesen in die abgekühlte Brühe eingerührt. Lassen Sie es bei mittlerer Hitze ziehen. Die Trubstoffe verbinden sich nun mit dem Eiweiß. Danach passieren Sie die Brühe vorsichtig durch ein Leinentuch. Durch die Beigabe von Klärfleisch und das Aufkochen entsteht eine Kraftbrühe oder Bouillon.
Übrigens sollten Suppeneinlagen immer getrennt gegart und erst kurz vor dem Servieren zugegeben werden. Wenn Sie sie in der fertigen Brühe garen, kann diese trüb werden.

Richtig abschmecken

Vor dem Servieren sollten Sie Ihre Suppe oder Ihren Eintopf nochmals abschmecken. Ist die Suppe zu salzig, können Sie mit der Zugabe von etwas Sahne oder einer Prise Zucker der Geschmack mildern. Auch eine geriebene Kartoffel kann einiges an Überwürzung binden.

Hübsch servieren

Suppen werden normalerweise im Suppenteller oder in einer Suppentasse serviert. Auch rustikale Müslischalen oder Milchkaffeeboules eignen sich gut. Für warme Suppen sollten Sie das Geschirr anwärmen, sonst kühlt die Suppe viel zu schnell ab. Für Kaltschalen können Sie im Sommer das Geschirr im Kühlschrank kühlen. Die Suppenterrine, auch vorgewärmt, kommt bei größeren Gesellschaften oder in der Großfamilie zum Einsatz. Bei nicht so festlichen Ereignissen können Sie Ihre Suppe oder Ihren Eintopf aber auch im (hübschen) Kochtopf auf den Tisch bringen.
Als Verzierung und Dekoration eignen sich besonders gehackte Kräuter wie Schnittlauch für klare Brühen, Petersilie für Eintöpfe oder

Kapuzinerkresse- und Borretschblüten sind eine hübsche Dekoration für Suppen und Eintöpfe.

Basilikumblättchen für Tomatensuppe. Geröstete Brotwürfelchen passen zur Kartoffelsuppe, ein Löffel Sauerrahm oder Sahne ist das i-Tüpfelchen auf einer Cremesuppe. Ein besonderer Augenschmaus sind Blüten als Dekoration. Die kleinen blauen Blüten des Borretsch sehen zum Beispiel sehr apart auf einer Kartoffelsuppe aus. Ebenso eignen sich die Blüten des Gänseblümchens oder der Kapuzinerkresse, um Suppe und Eintopf zu verschönern.

Mengenempfehlungen für Suppen

Als Vorspeise:
1/8 bis 1/4 l pro Person,
das ergibt 1/2 bis 1 l für 4 Personen.

Als Hauptgericht:
1/2 l pro Person,
das ergibt 2 l für 4 Personen.

Reis und Teigwaren als Einlage:
15 bis 25 g pro Person,
das ergibt 60 bis 100 g für 4 Personen.

Gemüse als Einlage:
50 g pro Person,
das ergibt 200 g für 4 Personen.

Suppen als Teil eines Menüs

Die Suppe zum Menü sollten Sie so auswählen, dass sie die Speisefolge sinnvoll und harmonisch ergänzt (siehe auch Menüvorschläge). Nährstoffarme und kalorienarme klare Suppen sind besonders vor gehaltvollen Speisen geeignet. Gebundene, legierte Suppen, wie zum Beispiel die Kartoffelsuppe, ergänzen ein leichtes Gericht oder eine warme Süßspeise. Die Suppenauswahl sollte auch im Geschmack und in der Farbe eine harmonische Ergänzung der ganzen Speisefolge sein.

Einige Menüvorschläge

Flädlesuppe
Schweinebraten mit Gemüse
Kompott

*

Klare Brühe mit Eierstich
Hühnerbrust mit Nudeln
Rote Grütze

*

Tomatensuppe mit Einlage
Kaiserschmarrn mit Birnenkompott

*

Gemüsecremesuppe
Fisch gedünstet mit Reis
Obstsalat

*

Pichelsteiner
Apfelküchle mit Vanillesoße

Fleischbrühe

Zutaten für 4 Personen

300 g Rindfleisch (Querrippe, Brustkern, Wade, Beinscheibe)

1 Markknochen

250 g Rinderknochen

1 Zwiebel mit Schale

2 Karotten

1/4 Sellerieknolle

1/2 Stange Lauch

1/2 TL Pfefferkörner

1 Lorbeerblatt

Salz

- Fleisch und Knochen abspülen, in $1^1/_2$ bis 2 l kaltes, leicht gesalzenes Wasser geben und zum Kochen bringen
- Karotten und Sellerie waschen, schälen und in grobe Stücke teilen
- Lauch waschen und in Stücke teilen
- Zwiebel halbieren und eventuell an der Schnittfläche in einer Pfanne leicht anbräunen
- Brühe abschäumen
- Karotten und Sellerie, Zwiebel, Lorbeerblatt und Pfefferkörner zugeben
- $1^1/_2$ bis 2 Stunden kochen lassen (im Dampfdrucktopf 30 Minuten)
- Brühe abseihen, kaltstellen und bei Bedarf entfetten.

Variante

Für eine Wildbrühe verwenden Sie 1 kg Wildknochen (Reh, Wildschwein oder Hirsch) und 250 g Fleischabschnitte von Haxen, die Sie in Öl anrösten. Mit 1 1/2 l Wasser ablöschen und zum Kochen bringen. Gemüse und Gewürze wie oben sowie 5 Wacholderbeeren zugeben. Wie oben kochen und abkühlen lassen.

Tipp

Wenn Sie ein saftiges Stück Fleisch haben möchten, sollten Sie dieses in kochendes Wasser geben. Das Fleisch kann als Suppeneinlage, zu Gaisburger Marsch (siehe S. 90), als Rindfleischsalat oder für Fleischküchlein verwendet werden.

Geflügelbrühe Bild rechts

Zutaten für 4 Personen

1 Suppenhuhn
1 Zwiebel mit Schale
2 Karotten
1/4 Sellerieknolle
1/2 Stange Lauch
1/2 TL Pfefferkörner
Salz

- Das Huhn gut waschen
- In 2 l kaltes, leicht gesalzenes Wasser legen und zum Kochen bringen
- Brühe abschäumen
- Karotte und Sellerie waschen und in grobe Stücke teilen, Zwiebel vierteln
- Gemüse und Pfefferkörner zum Huhn geben und alles zum Kochen bringen
- 2 Stunden bei mittlerer Hitze kochen lassen (im Dampfdrucktopf 30 Minuten)
- Brühe abseihen, kaltstellen und entfetten.

TIPP

Das Hühnerfleisch können Sie als Suppeneinlage oder für Frikassee verwenden.

Fischbrühe

Zutaten für 4 Personen

1 kg Fischabschnitte und Karkassen (Köpfe ohne Kiemen und Flossen, Gräten)
1 große Zwiebel
2 Karotten
1/2 Stange Lauch
2 Zitronenscheiben
5 Wacholderbeeren
2 Salbeiblätter
2 Stängel Petersilie
100 ml Weißwein
Salz
1 Prise Zucker

- Fischabschnitte und Karkassen gut waschen
- Karotten und Zwiebel waschen und in Stücke teilen
- Lauch waschen und in Scheiben schneiden
- Zwiebel vierteln
- Fischabschnitte, Karkassen und Gemüse in 2 l kaltes, leicht gesalzenes Wasser geben
- Kräuter, Zitronenscheiben, Gewürze und Wein hinzufügen
- Alles zum Kochen bringen und 20 Minuten leicht köcheln lassen
- Brühe abseihen und kaltstellen.

TIPP

Diese Fischbrühe eignet sich für Suppen, als Sud für Kochfisch oder als Grundlage für Fischsoßen. Haben Sie größere Mengen Fischabschnitte, können Sie Fischbrühe auf Vorrat zubereiten und dann einfrieren oder heiß in Schraubgläser abfüllen.

Gemüsebrühe

Zutaten für 4 Personen

2 Karotten
2 Petersilienwurzeln
1/4 Sellerieknolle
2 Sellerieblätter
1 Stange Lauch
1 Zwiebel mit Schale
1 Tomate
1 Knoblauchzehe
1 Lorbeerblatt
1/2 TL Pfefferkörner
Salz

- Zwiebel vierteln, Knoblauchzehe halbieren
- Karotten, Petersilienwurzeln und Sellerie waschen, putzen, schälen und in grobe Stücke teilen
- Tomate vierteln
- Alles in 1 1/2 l kaltes, leicht gesalzenes Wasser geben
- Gewürze hinzufügen
- Zum Kochen bringen und etwa 30 Minuten leicht köcheln lassen
- Brühe abseihen und kaltstellen.

TIPP

Gemüsebrühe ist eine gute, gesunde, fettarme Grundlage für alle Suppen. Sie ist bestens geeignet für die vegetarische Küche und Reduktionskost.

Eine feine Einlage für diese Brühe sind Gemüsestreifen (Juliennes). Dafür pro Person 60–80 g gemischtes Gemüse (Karotten, Sellerie, Lauch) waschen, schälen und in gleichmäßig lange, streichholzdünne Streifen schneiden. In der kochenden Brühe bissfest garen, dabei die unterschiedlichen Garzeiten beachten.

> **Tipp**
> Flädle können Sie gut auf Vorrat herstellen und geschnitten einfrieren. Sie kommen noch gefroren in die kochende, klare Brühe. So haben Sie im Handumdrehen eine gute Suppe.

Flädle

Zutaten für 4 Personen

125 g Mehl
200 – 250 ml Milch
1 Ei
Salz
Öl zum Backen
1 l Fleischbrühe
Schnittlauch
Muskat

- Mehl in eine Rührschüssel geben
- Ei und Salz hinzufügen
- Milch nach und nach zugießen und mit dem Handrührgerät glatt rühren
- Teig etwa 30 Minuten ruhen lassen
- 1 TL Öl in einer Pfanne erhitzen
- 1 Schöpflöffel Teig gleichmäßig in der Pfanne verteilen und einen dünnen Pfannkuchen ausbacken; wiederholen, bis die Teigmenge aufgebraucht ist (ergibt etwa 6 Flädle)
- Erkaltete Flädle aufrollen und in feine Streifen schneiden
- Brühe aufkochen lassen
- Flädle in eine Terrine geben und mit kochender Brühe übergießen
- 2 bis 3 Minuten ziehen lassen
- Mit Schnittlauchröllchen und frisch geriebenem Muskat bestreut servieren.

Varianten

Kräuterflädle

4 EL gemischte, gehackte Kräuter (Schnittlauch, Petersilie, Estragon, Sauerampfer) unter den Teig mischen.

Bärlauchflädle

4 EL fein gehackten Bärlauch unter den Teig mischen. Bärlauch wächst im Frühjahr (März, April) in unseren Wäldern. Er riecht stark nach Knoblauch. Beim Pflücken bitte nicht mit den giftigen Blättern des Maiglöckchens verwechseln!

Gefüllte Flädle

Teig wie Grundrezept zubereiten, für die Füllung 125 g Brät, 1 Ei, 2 EL Semmelbrösel, 1 EL gehackte Petersilie, Salz, Pfeffer und Muskat vermischen. Die Fleischmasse auf vier Flädle verteilen und glatt streichen, Flädle aufrollen, mit einem scharfen Messer in 1/2 bis 1 cm dicke Scheiben schneiden und in leicht kochender Brühe gar ziehen lassen. Mit Schnittlauchröllchen bestreut servieren.

Eierstich

Zutaten für 4 Personen

2 Eier

4 EL Milch

Butter zum Ausfetten

Salz

Muskat

1 l Brühe

Schnittlauch

- Eier, Milch und Gewürze verquirlen, in eine gefettete flache Form füllen und mit einem Teller abdecken
- Im Wasserbad bei schwacher Hitze etwa 30 Minuten stocken lassen
- Nach dem Abkühlen stürzen und in Würfel oder andere Formen schneiden
- In heißer, gut abgeschmeckter Brühe mit Schnittlauchröllchen bestreut servieren.

TIPP

Eierstich eignet sich besonders gut als Einlage für Tomatensuppe (siehe S. 54).

Suppennudeln

Zutaten für etwa 300 g getrocknete Nudeln

250 g Mehl

1 – 2 Eier je nach Größe

- Eier mit 1 bis 2 halben Eierschalen kaltem Wasser gut verquirlen
- Mehl nach und nach zugeben und gut durchkneten, der Teig sollte glatt und zart sein
- Abgedeckt etwa 20 Minuten ruhen lassen
- Teig in zwei Stücke teilen und auf einem leicht bemehlten Brett sehr dünn ausrollen
- Teigplatten antrocknen lassen
- Platten teilen und aufrollen, in möglichst dünne Streifen schneiden
- Nudeln auflockern und auf einem Küchentuch trocknen lassen.

TIPP

Für eine gute Nudelsuppe rechnet man 60 g Suppennudeln pro Liter Brühe. Die Nudeln werden in Salzwasser 5 – 10 Minuten gekocht und dann in die Brühe gegeben. Mit Muskat und Schnittlauch bestreut servieren.

TIPP

Sie können auch Wildmaultaschen mit 300 g Wildhackfleisch, vermischt mit 1 klein gewürfelten Zwiebel, 1/2 Bund gehackter Petersilie, 2 EL Semmelbrösel, Salz, Pfeffer und 1/2 TL Wildgewürz zubereiten.

Maultaschen

Zutaten für 4 – 6 Personen

Für den Teig:

125 g Mehl
1 Ei
1 – 2 EL Wasser

Für die Fülle:

125 g Spinat
1 kleine Zwiebel
20 g Butter
125 g Brät
4 EL Milch
1 Ei
Salz, Pfeffer
Muskat
4 – 5 EL Semmelbrösel
1 Eiweiß oder Wasser zum Bestreichen

- Nudelteig herstellen wie bei Suppennudeln (siehe S. 24) beschrieben
- Für die Fülle Zwiebel schälen und fein hacken
- Spinat waschen, fein hacken und mit der Zwiebel in Butter andünsten
- Brät mit der Milch verrühren, Ei, Spinat-Zwiebel-Masse und Semmelbrösel zugeben
- Mit Salz, Pfeffer und Muskat würzen
- Nudelteig nach dem Ruhen zu Streifen von etwa 12 bis 15 cm Breite dünn ausrollen
- Fülle auf den Teigstreifen verteilen, dabei die Ränder frei lassen
- Ränder mit Eiweiß oder Wasser bestreichen
- Seitliche Ränder über die Fülle einschlagen und die Teigstreifen flach aufrollen
- Mit einem Rührlöffelstiel kleine, schräge Maultaschen abteilen
- Maultaschen in den Vertiefungen durch Rädeln oder mit einem scharfen Messer durchschneiden
- In leicht gesalzenem, kochendem Wasser etwa 10 Minuten gar ziehen lassen
- In heißer Brühe anrichten und mit Schnittlauchröllchen bestreut servieren.

Maultaschen sind in Süddeutschland eine Fastenspeise. Die Legende erzählt, dass die Mönche des Klosters Maulbronn während der Fastenzeit ein großes Stück Fleisch geschenkt bekommen haben. Sie befanden sich im Zwiespalt. Einerseits wollten sie das Fleisch nicht verderben lassen, andererseits durften sie es während der Fastenzeit nicht essen. So kamen sie auf folgende Idee: Sie schnitten das Fleisch klein, mischten es mit viel Grünzeug und versteckten alles im Nudelteig, damit es der liebe Gott nicht sehen konnte.

Maultaschen
mit Frischkäse-Kräuter-Füllung

Zutaten für 4 – 6 Personen

Nudelteig wie bei Maultaschen (siehe S. 26)

Für die Fülle:

125 g Spinat

1 Bd gemischte Kräuter (Petersilie, Kerbel, Schnittlauch)

1/2 Bd Sauerampfer

1 Zwiebel

20 g Butter

150 g Frischkäse

1 Ei

Salz, Pfeffer

Muskat

4 – 5 EL Semmelbrösel

1 Eiweiß oder Wasser zum Bestreichen

- Spinat waschen und hacken
- Zwiebel schälen und fein hacken
- Kräuter und Sauerampfer waschen und hacken
- Butter in einem Topf zerlassen
- Erst die Zwiebelwürfel, dann den Spinat, die Kräuter und den Sauerampfer zugeben und durchdünsten; erkalten lassen
- Frischkäse mit dem Ei verrühren, die Kräutermasse zugeben und würzen, Semmelbrösel unterheben
- Den Nudelteig füllen und weiter verarbeiten wie bei Maultaschen (siehe S. 26) beschrieben.

TIPP

Fischmaultaschen in Fischbrühe (siehe S. 18) sind besonders köstlich und eine edle Vorspeise für ein festliches Menü.

Fischmaultaschen

Zutaten für 4 – 6 Personen

Nudelteig wie bei Maultaschen (siehe S. 26)

Für die Fülle:

300 g Fischfilet (Forelle, Lachs, Zander)

2 Eiweiß

150 ml Sahne

2 EL Zitronensaft

Salz, Pfeffer

1 Eiweiß oder Wasser zum Bestreichen

- Alle Zutaten müssen gut gekühlt sein
- Fischfilets in Würfel schneiden und kaltstellen
- Einige Fischstücke in den Mixer geben und mit etwas Eiweiß und Sahne zu einer glatten Masse verarbeiten
- Den restlichen Fisch ebenso in Portionen verarbeiten; die Fischmasse muss glatt und glänzend sein
- Mit Salz, Pfeffer und Zitronensaft würzen
- Den Nudelteig mit der Fischfarce füllen und weiter verarbeiten wie bei Maultaschen (siehe S. 26) beschrieben.

Leberknödel

- Brötchen in Scheiben schneiden und mit der warmen Milch übergießen
- Zugedeckt etwa 30 Minuten stehen lassen
- Zwiebel schälen und fein würfeln
- Petersilie waschen und fein hacken
- Butter in einem Topf zerlassen, Zwiebelwürfel und Petersilie darin andünsten
- Leber im Fleischwolf oder Mixer zerkleinern
- Aus Leber, Brötchen, Ei und Zwiebelmasse einen Teig zubereiten, Gewürze zugeben
- Ist der Teig zu weich, etwas Semmelbrösel zugeben und nochmals kurz quellen lassen
- Probeknödel formen und in leicht gesalzenem, kochendem Wasser 10 Minuten ziehen lassen
- Hält der Probeknödel, können die restlichen ausgeformt werden; pro Person 1 großer oder 2 kleine Knödel
- Knödel je nach Größe 15 bis 25 Minuten im leicht kochenden Wasser ziehen lassen.

Zutaten für 4 Personen

3 altbackene Brötchen
150 ml Milch
200 g Rinderleber
1 kleine Zwiebel
1/2 Bd Petersilie
20 g Butter
1 Ei
2 – 3 EL Semmelbrösel
Majoran
Salz, Pfeffer

Tipp

Wenn Sie eine schöne klare Brühe wünschen, die Knödel extra in Salzwasser kochen und nach dem Garen in der heißen Brühe servieren. Es empfiehlt sich, gleich eine größere Menge Knödel herzustellen. Sie eignen sich gut zum Einfrieren.

Variante

In Scheiben geschnitten, in Fett leicht angeröstet und mit verquirltem Ei übergossen ergeben die Knödel zusammen mit Blattsalaten ein köstliches Essen.

Grießklößchen

Bild rechts

Zutaten für 4 Personen

40 g Butter
60 g Hartweizengrieß
1 Ei
Salz
1 1/2 l Brühe zum Garen
Schnittlauch zum Bestreuen

- Butter schaumig rühren
- Erst etwas Grieß, dann das Ei, den übrigen Grieß und Salz zugeben
- Teig zum Quellen etwa 20 Minuten stehen lassen
- In die leicht kochende Brühe einen Probekloß mit zwei Teelöffeln einlegen
- Zerfällt das Klößchen, noch etwas Grieß unter den Teig mischen
- Diesen dann nochmals 20 Minuten quellen lassen
- Zerfällt das Klößchen nicht, die restlichen Klößchen in die heiße, leicht kochende Brühe einlegen und 20 Minuten ziehen lassen
- Mit Schnittlauchröllchen bestreut servieren.

TIPP

Klößchen aus rohem Grieß quellen sehr stark. Deshalb sollten Sie sie möglichst klein ausformen. Fertig gekochte Grießklößchen lassen sich sehr gut einfrieren.

Frischkäsenockerl

Zutaten für 4 Personen

150 g Frischkäse
1 Ei
30 g weiche Butter
30 g Semmelbrösel
Salz, Pfeffer

- Das Ei trennen
- Frischkäse mit dem Eigelb und der weichen Butter verrühren, Semmelbrösel unterheben
- Mit Salz und Pfeffer würzen
- Eiweiß mit einer Prise Salz steif schlagen und unter die Frischkäsemasse heben
- Mit zwei nassen Teelöffeln Klößchen abstechen und in kochendem Salzwasser bei milder Hitze etwa 15 Minuten ziehen lassen.

TIPP

Frischkäsenockerl eignen sich als Einlage in klaren Brühen. Besonders gut schmecken sie auch zur Tomatensuppe (siehe S. 54) oder Senfsuppe (siehe S. 36).

Markklößchen

Bild rechts

Zutaten für 4 Personen

40 g Rindermark
1 Ei
40 – 50 g Semmelbrösel
Muskat
Salz
1 1/4 l Brühe zum Garen
Schnittlauch zum Bestreuen

- Mark aus den Knochen lösen und in kleine Stücke schneiden
- In einem Topf auslassen
- Mark durch ein feines Haarsieb abseihen und etwas erkalten lassen
- Ei, Gewürze und so viel Semmelbrösel dazu geben, dass eine gut formbare Masse entsteht
- Mit feuchten Händen haselnussgroße Klößchen formen
- Kaltstellen
- Klößchen in gut abgeschmeckter Brühe etwa 10 Minuten gar ziehen lassen und mit Schnittlauchröllchen bestreut servieren.

Tipp

Das Mark können Sie auch zur Hälfte durch Butter ersetzen. Die Klößchen können sehr gut vorbereitet werden und man kann sie roh oder gekocht einfrieren. Pro Person rechnet man 5 bis 7 Klößchen.

Brätknödel

Zutaten für 4 Personen

150 g Bratwurstbrät
30 g Butter
30 g Semmelbrösel
1 Ei
Salz, Pfeffer
1 EL fein gehackte Petersilie
1 1/4 l Brühe zum Garen
Schnittlauch zum Bestreuen

- Butter schaumig rühren
- Semmelbrösel, Ei, Brät und Petersilie zugeben, mit Salz und Pfeffer abschmecken
- Brühe zum Kochen bringen
- Mit 2 Teelöffeln kleine Klößchen formen und in die leicht kochende Brühe einlegen
- 10 bis 15 Minuten ziehen lassen
- Mit Schnittlauchröllchen bestreut servieren.

Die traditionelle Hochzeitssuppe, die in ganz Deutschland bekannt ist, besteht aus klarer Fleischbrühe und verschiedenen Einlagen. Gemüsestreifen sind immer dabei. Im Süden liebt man Brätknödel, Flädle und Maultäschle. Im Norden serviert man Rindfleischwürfel, Hackfleischklößchen und Eierstich.

Kartoffelsuppe
mit Lauch

Zutaten für 4 Personen

400 g mehlig kochende Kartoffeln
1 l kräftige Hühnerbrühe
300 g Lauch geputzt
1 Bd Petersilie
100 g Butter
Salz, Pfeffer
Zucker
200 ml Sahne
Muskatnuss

- Kartoffeln schälen, in Scheiben schneiden und in der Brühe weich kochen
- Geputzten Lauch in feine Scheiben schneiden
- Petersilie hacken
- Lauch in 3 EL Butter andünsten, mit Salz, Pfeffer und 1 Prise Zucker würzen
- Kartoffeln in der Brühe mit dem Mixstab glatt und weiß pürieren
- Sahne zugeben und mit dem Mixstab aufschlagen: Nicht mehr kochen lassen!
- Restliche Butter in Flöckchen zugeben und nochmals aufschlagen
- Gedünsteten Lauch und Petersilie zugeben, mit Muskat abschmecken
- Suppe in vorgewärmten Tellern servieren.

Diese Suppe ist eine wunderbare Herbstsuppe und eignet sich als Vorspeise zu einem süßen Hauptgericht.

TIPP *Als Einlage eignen sich sehr gut auch Fleischklößchen oder Räucherlachsstreifen.*

Monschauer Senfsuppe

Zutaten für 4 Personen

100 g Schalotten
250 g Kartoffeln
30 g Butter
100 ml Weißwein
500 ml Gemüsebrühe
150 ml Milch
100 ml Sahne
Salz, Pfeffer
Muskat
4 EL Senf, mittelscharf
Schnittlauch

- Schalotten schälen und in kleine Würfel schneiden
- Kartoffeln schälen und in Scheiben schneiden
- Butter in einem Topf zerlassen, die Schalottenwürfel und Kartoffelscheiben darin leicht andünsten
- Mit dem Weißwein ablöschen und etwas einkochen lassen
- Gemüsebrühe, Milch und Sahne zugeben und so lange leicht köcheln lassen, bis die Kartoffelscheiben gar sind (etwa 20 Minuten)
- Die Suppe mit dem Pürierstab pürieren, mit Salz, Pfeffer und Muskat abschmecken
- Den Senf unterheben
- Mit Schnittlauchröllchen bestreut servieren.

In Monschau in der Eifel kann man eine historische Senfmühle von 1882 bewundern. Hier werden nach neuen und überlieferten Familienrezepten 14 Senfsorten hergestellt.

Tipp

Besonders delikat schmeckt diese köstliche Suppe, wenn sie mit Dijon-Senf zubereitet wird.

Kürbissuppe

Zutaten für 4 Personen

400 g Kürbisfleisch
250 g Kartoffeln
1 Stange Lauch
1 Zwiebel
1 Knoblauchzehe
30 g Butter
500 ml Gemüsebrühe
100 ml Sahne
1 EL Crème fraîche
Salz, Pfeffer
Schnittlauch
Kürbiskernöl
Geröstete Kürbiskerne

- Kürbisfleisch in Würfel schneiden
- Kartoffeln schälen und würfeln
- Lauchstange längs halbieren, waschen und das Weiße in Streifen schneiden
- Zwiebel und Knoblauch schälen und in Würfel schneiden
- Butter in einem großen Topf zerlassen, Zwiebel- und Knoblauchwürfel andünsten
- Kartoffeln, Lauch und Kürbis dazugeben, gut durchdünsten
- Mit der Gemüsebrühe ablöschen und etwa 20 Minuten leicht kochen lassen
- Die Suppe mit dem Pürierstab pürieren
- Mit Salz und Pfeffer abschmecken
- Sahne und Crème fraîche dazugeben
- Suppe nochmals gut erhitzen und in vorgewärmte Teller füllen
- Mit Schnittlauchröllchen bestreuen
- Zum Schluss einige Tropfen Kürbiskernöl und geröstete Kürbiskerne auf die Suppe geben.

Tipp

Sehr gut eignet sich für Suppen die Kürbis-Sorte Hokkaido. Diese Sorte hat eine wunderschöne orangerote Farbe und ein schmackhaftes Fleisch. Die Früchte wiegen etwa 1 bis 2 kg und lassen sich gut lagern.

Grünkernsuppe

Bild rechts

Zutaten für 4 Personen

40 g Grünkernmehl
40 g Butter
1 1/4 l kräftige Fleischbrühe
1 Eigelb
4 EL Sahne
Salz, Pfeffer
Petersilie

- Grünkernmehl in heißer Butter hellgelb anrösten
- Unter ständigem Rühren mit der Brühe ablöschen und 5 bis 10 Minuten bei mittlerer Hitze kochen lassen
- Mit Salz und Pfeffer würzen
- Eigelb mit der Sahne verrühren
- In die Suppe einrühren, aber nicht mehr kochen lassen
- Mit gehackter Petersilie bestreut servieren.

Dinkel ist eine alte Getreidesorte und der Vorgänger unseres Weizens. Grünkern ist in der Milchreife geernteter Dinkel und besitzt einen würzigen Geschmack, der durch leichtes Anrösten noch verstärkt wird. Grünkern ist als Graupen, Grütze oder Mehl erhältlich. Er wird in Süddeutschland in der Region Neckar-Odenwald, dem so genannten „Bauland", angebaut. Dort werden traditionell viele Gerichte mit diesem Getreide zubereitet.

Fränkische Brennsuppe

Zutaten für 4 Personen

1 1/4 l kräftige Fleischbrühe
1 EL gestoßener Kümmel
Salz, Pfeffer
1/2 TL Majoran
40 g Schweineschmalz
40 g Mehl

- Brühe erhitzen und mit Salz, Pfeffer und Majoran würzen
- Schmalz erhitzen und das Mehl darin bräunlich anrösten („anbrennen")
- Die „Einbrenne" mit einem Schneebesen unter die Brühe rühren
- Suppe gut aufkochen lassen
- Nochmals mit Pfeffer würzen.

TIPP

Servieren Sie die Suppe mit in Butter gerösteten Weißbrotwürfeln.

Suppe vom Filderkraut

Zutaten für 4 Personen

400 g Spitzkraut
300 g Kartoffeln
1 Zwiebel
30 g Butter
800 ml Gemüsebrühe
100 ml Weißwein
100 ml Sahne
Salz, Pfeffer
8 Blätter Basilikum

Für die Einlage:

100 g Spitzkraut
10 g Butter

- Spitzkraut in Würfel schneiden
- Kartoffeln schälen und würfeln
- Zwiebel schälen und würfeln
- 30 g Butter in einem Topf erhitzen und die Zwiebelwürfel andünsten
- Kartoffel- und Spitzkrautwürfel zugeben und gut durchdünsten
- Mit Gemüsebrühe, Wein und Sahne ablöschen
- 20 bis 30 Minuten leicht kochen lassen
- Mit Salz und Pfeffer würzen
- Die Suppe mit dem Pürierstab pürieren
- Basilikum hacken und zugeben
- Für die Einlage das Spitzkraut in Würfel schneiden und in der Butter andünsten
- Die Suppe in vorgewärmte Teller geben, die Einlage darauf verteilen und mit Weißbrot servieren.

Die fruchtbare Filderebene südlich von Stuttgart ist berühmt für das dort angebaute Filderkraut. Ursprünglich wurde nur Spitzkraut angebaut. Eine industrielle Verarbeitung ist aber nur von Rundkraut möglich. Daher wird Spitzkraut heute nur noch für die Direktvermarktung erzeugt.

Frühlingssuppe
mit Kräutern

Zutaten für 4 Personen

30 g Butter
1/2 Zwiebel
40 g Mehl
250 g gemischte Kräuter wie Kerbel, Kresse, Spinat, Sauerampfer, Petersilie
1 1/4 l kräftige Fleischbrühe
Salz
5 EL Sahne
1 Eigelb

- Kräuter waschen und fein hacken
- Die Zwiebel fein würfeln
- Die Butter in einem Topf zerlassen, die Zwiebel darin gut glasig dünsten
- Mehl dazugeben und gut durchdünsten, das Mehl darf dabei nicht dunkel werden
- Kräuter dazugeben und nochmals dünsten
- Mit der Brühe ablöschen
- 5 bis 10 Minuten kochen lassen
- Mit Salz abschmecken
- Eigelb mit der Sahne verrühren und zugeben, aber nicht mehr kochen lassen
- Suppe mit frischem Weißbrot oder Toast servieren.

Tipp

Am besten schmeckt diese Suppe im Frühjahr mit den ersten Kräutern, die im Garten wachsen. Gut geeignet sind auch Kräuter für Frankfurter Grüne Soße vom Markt.

Zucchinisuppe

Zutaten für 4 Personen

1 kg Zucchini
200 g Kartoffeln
1 Zwiebel
1 Knoblauchzehe
20 g Butter
1/2 l kräftige Fleischbrühe
2 EL Crème fraîche
Salz, Pfeffer
Geröstete Brotwürfel

- Zucchini waschen, die Enden abschneiden, längs halbieren, vierteln, das weiche Kerngehäuse entfernen und das Fruchtfleisch in Würfel schneiden
- Kartoffeln schälen und in Würfel schneiden
- Zwiebel und Knoblauch schälen und fein würfeln
- Butter in einem Topf zerlassen, Zwiebelwürfel und Knoblauch darin andünsten
- Kartoffeln und Zucchini dazugeben und gut durchdünsten
- Mit der Brühe ablöschen und etwa 20 Minuten kochen lassen
- Suppe mit dem Mixstab pürieren
- Crème fraîche unterrühren und nochmals aufschlagen
- Mit Salz und Pfeffer würzen
- Mit gerösteten Brotwürfeln servieren.

Tipp

Zucchini sollten möglichst klein geerntet werden. Dann ist das Fruchtfleisch fester und schmeckt besonders nussig.

Variante

Für eine Gemüsesuppe aus buntem Gemüse nehmen Sie 250 g Kartoffeln und 500 g Gemüse der Saison. Verwenden Sie für diese Menge 1 Liter Brühe.

Sauerampfersuppe

Zutaten für 4 Personen

125 g Sauerampfer
1 Zwiebel
1 Knoblauchzehe
40 g Butter
30 g Mehl
1 l kräftige Fleischbrühe
100 ml süße Sahne
Salz, Pfeffer

- Zwiebel und Knoblauch schälen und fein würfeln
- Butter in einem Topf zerlassen und die Zwiebel- und Knoblauchwürfel darin andünsten
- Mehl darüber stäuben, kurz durchdünsten
- Mit der Brühe ablöschen, Sahne dazugeben und bei mittlerer Hitze 30 Minuten kochen lassen
- Sauerampfer waschen, Stiele entfernen und grob hacken
- Sauerampfer in die Brühe geben und mit einem Mixstab fein pürieren
- Die Suppe nicht mehr aufkochen lassen
- Mit Salz und Pfeffer würzen
- In vorgewärmten Tellern servieren.

TIPP
Sauerampfer nicht aufkochen, sonst verliert er seine frische grüne Farbe und wird grau.

Sauerampfer schmeckt im Frühling am besten. Wenn er blüht, sollte er für die Küche nicht mehr verwendet werden, weil er dann zu viel Oxalsäure enthält. Vom wilden Sauerampfer nur die kleinen Blättchen nehmen.

Karottenrahmsüpple

Bild rechts

Zutaten für 4 Personen

400 g Karotten
1 Zwiebel
1 Knoblauchzehe
20 g Butter
1 l kräftige Fleischbrühe
Salz, Pfeffer
Zucker
50 ml Sahne
2 EL Crème fraîche
Schnittlauch

- Karotten schälen und in Würfel schneiden
- Zwiebel und Knoblauch schälen und in Würfel schneiden
- Butter in einem Topf zerlassen, Zwiebel und Knoblauch darin leicht andünsten
- Karotten zugeben und alles nochmals bei mittlerer Hitze dünsten
- Mit der Brühe ablöschen und mit Salz, Pfeffer und einer Prise Zucker würzen
- Etwa 20 Minuten kochen lassen
- Suppe mit dem Mixstab pürieren
- Sahne und Crème fraîche dazugeben, nochmals gut aufschlagen
- Mit Schnittlauchröllchen bestreut servieren.

TIPP

Diese Suppe schmeckt besonders köstlich, wenn sie mit jungen Karotten zubereitet wird.

Blumenkohlsuppe

Zutaten für 4 Personen

1 kleiner Blumenkohl (400 – 500 g)
30 g Butter
30 – 40 g Mehl
Zitronensaft
Salz
Muskat
1 Eigelb
2 EL Sahne

- Blumenkohl putzen, in Röschen teilen und waschen
- In kochendem Salzwasser kernig weich kochen (sollte sich der Blumenkohl verfärben, eventuell Zitronensaft zugeben)
- Blumenkohl abgießen und das Kochwasser auffangen
- In einem Topf die Butter zerlassen und das Mehl darin leicht anrösten
- Mit dem Kochwasser ($1^1/_4$ l) ablöschen und 5 bis 10 Minuten kochen lassen
- Die Hälfte des Blumenkohls zugeben und mit dem Mixstab pürieren
- Die Suppe mit Salz und Muskat würzen
- Eigelb mit Sahne verrühren und in die Suppe geben, aber nicht mehr aufkochen lassen
- Restliche Blumenkohlröschen als Einlage in die Suppe geben, eventuell nochmals erhitzen, aber nicht kochen lassen.

TIPP

Statt mit Blumenkohl können Sie die Suppe auch mit Brokkoli zubereiten.

Champignoncremesuppe

Zutaten für 4 Personen

300 g Champignons
1 kleine Zwiebel
30 g Butter
30 g Mehl
1 l Brühe
Salz, Pfeffer
Zitronensaft
2 EL Weißwein
1 Eigelb
4 EL Sahne

- Champignons putzen und bei Bedarf waschen (oft genügt das Abreiben mit einem Tuch), aber nicht schälen
- Pilze feinblättrig schneiden
- Zwiebel schälen und in Würfel schneiden
- Butter zerlassen und die Zwiebelwürfel darin glasig dünsten
- Pilze und Zitronensaft zugeben und gut durchdünsten
- Mit Mehl bestäuben und nochmals durchdünsten
- Mit der Brühe ablöschen und 15 Minuten leicht kochen lassen
- Mit Salz und Wein abschmecken
- Eigelb mit Sahne verrühren und zugeben, aber nicht mehr kochen lassen.

Tipp

Beim Einkauf von Champignons sollten die Schnittstellen an den Stielen frisch und die Köpfe an der Unterseite geschlossen sein. Die bräunlichen Steinchampignons sind im Geschmack intensiver als die weißen.

Von Juni bis Oktober gibt es wilde Champignons in Wald und Wiese, die eine besonders aromatische Suppe ergeben. Doch Vorsicht, verwechseln Sie sie nicht mit Giftpilzen!

Tomatensuppe

Zutaten für 4 Personen

1 kg reife Tomaten
1 Zwiebel
1 Knoblauchzehe
20 g Butter
3/4 l kräftige Fleischbrühe
Salz, Pfeffer
Zucker
20 g weiche Butter
1 EL Mehl
1 EL Crème fraîche
Schnittlauch

- Tomaten waschen, vom Strunk befreien und vierteln
- Zwiebel und Knoblauch schälen und in Würfel schneiden
- Butter in einem Topf zerlassen
- Zwiebelwürfel und Knoblauch darin andünsten
- Tomaten zugeben und mit der Brühe ablöschen
- Etwa 20 Minuten bei mittlerer Hitze kochen lassen
- Suppe durch ein feines Sieb passieren
- Mit Salz, Pfeffer und 1 Prise Zucker würzen
- Mehl mit der weichen Butter verkneten und zum Binden in die Suppe rühren
- Nochmals aufkochen lassen
- Crème fraîche zugeben
- Mit Schnittlauchröllchen bestreut servieren.

TIPP

Als Einlage eignet sich sehr gut Eierstich (siehe S. 24).

Für diese Suppe sollten Sie sonnengereifte Tomaten aus Freilandanbau bevorzugen. Am besten schmecken natürlich die selbst geernteten aus dem eigenen Garten!

Geflügelcremesuppe

Zutaten für 4 Personen

1/2 Suppenhuhn
Salz
1/2 Zwiebel
1 Karotte
1/4 Stange Lauch
40 g Butter
30 g Mehl
1 Eigelb
100 ml Sahne
3 EL Weißwein
Salz, Pfeffer

Für die Einlage:

200 g Champignons
20 g Butter
Salz, Pfeffer

- Das Suppenhuhn in $1\frac{1}{2}$ l Wasser mit dem Gemüse kochen wie bei der Geflügelbrühe beschrieben (siehe S. 18), anschließend erkalten lassen
- Das Fleisch von den Knochen lösen, in kleine Würfel schneiden und beiseite stellen
- Butter zerlassen
- Das Mehl in der Butter hellgelb anrösten und mit 1 l Hühnerbrühe ablöschen
- 10 Minuten kochen lassen
- Das Fleisch in die Brühe geben und erhitzen
- Eigelb mit Sahne verrühren und unter die Suppe ziehen, aber nicht mehr kochen lassen
- Mit Weißwein, Salz und Pfeffer abschmecken
- Für die Einlage die Champignons putzen und in Scheiben schneiden
- Butter zerlassen und die Pilze darin andünsten
- Mit Salz und Pfeffer würzen
- Pilze in die Suppe geben und in vorgewärmten Tellern servieren.

In Hofläden oder auf Bauernhöfen gibt es gelegentlich die Möglichkeit, ein „ausgedientes" Legehuhn aus Freilandhaltung als Suppenhuhn zu erwerben. Solch ein Huhn ist mit Sicherheit besser und schmackhafter als ein „Industriehuhn" aus dem Supermarkt.

Linsen-, Bohnen- oder Erbsensuppe

Zutaten für 4 Personen

200 g getrocknete Hülsenfrüchte (wahlweise Linsen, Bohnen oder Erbsen)

1 Zwiebel

1 Karotte

1/2 Stange Lauch

40 g Fett

20 g Mehl

1/2 l Brühe

Salz

Essig für Linsensuppe

- Linsen, Bohnen oder Erbsen waschen und über Nacht in $1\frac{1}{2}$ l Wasser einweichen
- Zwiebel und Karotte schälen und in Würfel schneiden
- Lauch waschen und in Würfel schneiden
- Gemüse und Hülsenfrüchte mit dem Einweichwasser zum Kochen bringen und weich garen (Garzeit etwa $1\frac{1}{2}$ Stunden, im Dampfdrucktopf 20 Minuten)
- Erbsen und Bohnen durch ein Sieb passieren, Linsen ganz lassen
- Fett zerlassen
- Mehl im Fett leicht anrösten und mit $\frac{1}{4}$ l der Brühe ablöschen
- Gemüse zugeben und würzen; Linsensuppe mit etwas Essig abschmecken
- Mit der restlichen Brühe bis zur gewünschten Konsistenz verdünnen
- In vorgewärmten Tellern servieren.

Hülsenfrüchte haben einen hohen Nährwert und sind besonders eiweißreich. Suppen aus getrockneten Hülsenfrüchten, die sich lange lagern lassen, sind daher ein klassisches Wintergericht mit einer weit zurückreichenden Tradition.

TIPP

Als Einlage eignen sich Würstchen, Geräuchertes oder gekochte Kartoffelwürfel.

Allgäuer Käsesuppe

Zutaten für 4 Personen

50 g Butter
40 g Mehl
1 l kräftige Fleischbrühe
200 g geriebener Allgäuer Emmentaler
150 ml Sahne
1 Lorbeerblatt
100 ml Weißwein
geröstete Weißbrotwürfel
Schnittlauch

- Butter in einem Topf zerlassen, das Mehl darin hellgelb anrösten
- Mit der Fleischbrühe ablöschen und aufkochen lassen
- Den Käse unter Rühren einstreuen
- Sahne, Lorbeerblatt und Weißwein dazugeben
- Suppe 5 bis 10 Minuten ziehen lassen
- Lorbeerblatt entfernen
- Mit gerösteten Brotwürfeln und Schnittlauch bestreut servieren.

Aus dem Allgäu stammen viele gehaltvolle Rezepte wie diese Suppe, denn die Arbeit auf den Allgäuer Almen war hart und die Mahlzeiten mussten besonders kräftigend sein.

Frankfurter Bohnensuppe

Zutaten für 4 Personen

400 g weiße Bohnen
3/4 l Fleischbrühe
1 Bd Suppengrün
Salz, Pfeffer

Für die Einlage:

150 g durchwachsener Räucherspeck
1 Zwiebel
4 Frankfurter Würstchen
1/2 Bd Petersilie

- Bohnen im Topf mit 1 l Wasser übergießen und über Nacht stehen lassen
- Am nächsten Tag die Fleischbrühe dazugeben, erhitzen und etwa 50 Minuten kochen lassen
- Suppengrün waschen, putzen und klein schneiden, dazugeben und weitere 30 Minuten kochen lassen
- Den Speck in kleine Würfel schneiden
- Zwiebel schälen und in kleine Würfel schneiden
- Speck in einer Pfanne anrösten
- Zwiebelwürfel dazugeben und goldgelb dünsten
- Suppe durch ein Sieb passieren und würzen
- Speck-Zwiebel-Mischung in die Suppe geben
- Würstchen in Scheiben schneiden und in der Suppe erhitzen
- Mit gehackter Petersilie bestreut servieren.

Die Frankfurter Bohnensuppe ist bis über die Landesgrenzen bekannt. Man kann sie heutzutage sogar in vielen amerikanischen Kochbüchern finden.

TIPP

Wer mag, kann die Suppe mit etwas Thymian oder Majoran würzen. Diese Kräuter unterstützen auch die Verdauung.

Tipp Servieren Sie diese raffinierte Suppe mit kräftigem Bauernbrot.

Hamburger Aalsuppe

Zutaten für 4 Personen

150 g Backpflaumen
150 g getrocknete Apfelringe
1 Schinkenknochen (500 g)
2 Karotten
1/4 Sellerieknolle
1/2 Stange Lauch
1 Petersilienwurzel
1/2 Bd Petersilie
1 TL Salbei
1 TL Thymian
1 TL Basilikum
500 g küchenfertiger Aal
Salz, Pfeffer
5 Pfefferkörner
1/4 l Weißweinessig
2 Schalotten
1/4 l Weißwein
Zitronenschale
1 EL Zucker
40 g Butter
1 EL Mehl

Für die Schwemmklößchen:

1/4 l Milch
Salz
40 g Butter
125 g Mehl
2 Eier
Muskatnuss

- Backpflaumen und Apfelringe über Nacht in 1/2 l Wasser einweichen
- Schinkenknochen in 1 1/2 l Wasser geben und knapp 2 Stunden leicht kochen lassen
- Karotten, Sellerie, Lauch und Petersilienwurzel putzen und in Stücke schneiden
- Kräuter waschen und hacken
- Gemüse und Kräuter nach 1 1/2 Stunden Kochzeit zum Schinkenknochen geben und alles zusammen noch 1/2 Stunde kochen lassen
- Knochen aus dem Sud entfernen
- 1/4 l Wasser mit dem Weinessig, den geschälten Schalotten, Salz und Pfefferkörnern zum Kochen bringen
- Den Aal häuten, in etwa 4 cm lange Stücke schneiden und in etwa 15 Minuten im Sud gar ziehen lassen
- In einem Topf Weißwein, Zitronenschale und Zucker aufkochen
- Das eingeweichte Obst bei mittlerer Hitze 20 Minuten darin kochen
- Butter und Mehl verkneten, unter Rühren in die heiße Schinkenbrühe geben und etwa 5 Minuten kochen lassen
- Mit Salz und Pfeffer abschmecken
- Für die Einlage Milch, Salz, geriebene Muskatnuss und Butter in einem Topf aufkochen lassen
- Mehl auf einmal zugeben und zu einem Kloß abrühren
- Erst ein Ei unter die heiße Masse rühren, dann das zweite dazugeben und zu einem glatten Teig schlagen
- Mit zwei Teelöffeln Klößchen aus dem Teig abstechen und in der Schinkenbrühe etwa 10 Minuten gar ziehen lassen
- In eine Terrine erst das Obst mit Sud, dann die Schinkenbrühe mit Gemüse und Schwemmklößchen und zum Schluss die Aalstücke geben.

Hamburger Aalsuppe ist ein besonderer Genuss für Feinschmecker und ein typisches Landesgericht, in dem sich Süßes und Pikantes harmonisch vereinen. Es gibt auch hier viele verschiedene Rezepte. Natürlich schwört jede Hausfrau auf ihr eigenes.

Fischsuppe

Zutaten für 4 Personen

200 g Goldbarschfilet
200 g Seelachsfilet
100 g Krabben
Zitronensaft
Salz, Pfeffer
500 g Tomaten
1 Zwiebel
1 Knoblauchzehe
200 g Spinat
2 Karotten
1 Stange Lauch
20 g Butter
1/2 l kräftige Fischbrühe
200 g Crème fraîche
2 EL gehackte Petersilie

- Fischfilets in Stücke schneiden
- Mit den Krabben in eine Schüssel geben und mit Zitronensaft und Pfeffer würzen
- Zugedeckt im Kühlschrank ziehen lassen
- Tomaten mit heißem Wasser übergießen, häuten, entkernen und in kleine Stücke schneiden
- Zwiebel und Knoblauch schälen und in kleine Würfel schneiden
- Spinat waschen und in Streifen schneiden
- Karotten schälen und in dünne Scheiben schneiden
- Lauch halbieren, waschen und in Streifen schneiden
- Butter in einem Topf zerlassen
- Zwiebel- und Knoblauchwürfel glasig dünsten
- Karotten und Lauch zugeben und gut durchdünsten
- Tomatenstücke, Fischbrühe und Crème fraîche dazugeben, aufkochen lassen und etwa 5 Minuten bei leichter Hitze ziehen lassen
- Fisch, Krabben und Spinat zugeben und nochmals 10 Minuten ziehen lassen
- Mit Salz und Pfeffer abschmecken
- In vorgewärmten Tellern mit gehackter Petersilie servieren.

TIPP

Dazu passt knusprig geröstetes Knoblauchbrot.

Pikante Kefirsuppe

Zutaten für 4 Personen

- 500 g Kefir
- 100 g Crème fraîche
- 150 ml kräftige Gemüsebrühe
- 250 g Salatgurke
- 4 mittelgroße Tomaten
- 1 EL Basilikum
- 1 EL Dill
- 1 EL Schnittlauch
- 1 EL Petersilie
- Salz
- schwarzer Pfeffer
- 1 kleine Knoblauchzehe

Für die Einlage:

- 1/2 rote Paprika
- 1/2 grüne Paprika
- 4 Schalotten

• Salatgurke schälen und grob zerkleinern
• Bei den Tomaten den Strunk herausschneiden, über Kreuz einritzen und in kochendem Wasser 2 bis 3 Minuten blanchieren, dann häuten, halbieren und entkernen
• Gurken- und Tomatenstücke zusammen im Mixer pürieren
• Gemüsebrühe, Crème fraîche und Kefir zugeben und vermischen
• Kräuter hacken und zugeben
• Knoblauch häuten und zerdrücken
• Mit Salz, Pfeffer und Knoblauch abschmecken
• Suppe im Kühlschrank gut durchziehen lassen
• Paprika und Schalotten klein schneiden und kurz vor dem Servieren zugeben
• Mit knusprigem Weißbrot servieren.

TIPP

Gehäutete Tomaten können problemlos entkernt werden: Tauchen Sie die halbierte Tomate mit der Hand in eine Schüssel mit kaltem Wasser und drücken Sie sie zusammen. Ein großer Teil der Kerne wird so entfernt und Sie behalten nur das Fruchtfleisch übrig.

Milchkefir ist von Asien über Osteuropa nach Deutschland gelangt. Er ist, anders als Jogurt, auch für Menschen geeignet, die an einer Milchzuckerunverträglichkeit leiden.

Gurkenkaltschale

Zutaten für 4 Personen

2 Salatgurken à 500 – 600 g
Salz
Dill
200 g Jogurt
1 EL saure Sahne
Zitronensaft

- Gurken schälen, halbieren, Kerne entfernen und in Stücke schneiden
- Ewas Salz über die Gurken streuen und etwa 1 Stunde kalt stellen
- Gurken mit Saft im Mixer pürieren
- Jogurt, Dill und Sahne zugeben, mit Salz und Zitronensaft abschmecken
- Suppe eiskalt mit gehacktem Dill anrichten.

Freilandgurken werden in Deutschland vor allem in Papenburg, am Niederrhein und auf der Insel Reichenau angebaut. Die Hauptsaison ist im August.

Tipp

Verwenden Sie möglichst Gurken aus dem Freiland. Als Einlage passt sehr gut in kleine Würfel geschnittener Räucherlachs.

Fruchtkaltschale

Zutaten für 4 Personen

1 kg gemischte Beeren (Himbeeren, Erdbeeren, Johannisbeeren)

250 ml Fruchtsaft

1 – 2 EL Zitronensaft

50 g Zucker

25 g Stärkemehl

4 kleine Zweige Zitronenmelisse zum Garnieren

- Beeren waschen (außer Himbeeren), gut abtropfen lassen und entstielen
- 200 g als Einlage zur Seite stellen
- Restliche Beeren roh durch ein Sieb streichen oder mit dem Pürierstab zerkleinern und mit Fruchtsaft auf etwa 1 l auffüllen
- Fruchtmark mit Zucker und Zitronensaft abschmecken
- Masse zum Kochen bringen
- Stärkemehl mit 3 EL kaltem Wasser oder Fruchtsaft anrühren und in die kochende Fruchtmasse einrühren
- Gut aufkochen lassen
- Fruchtmasse kalt stellen
- Die gut gekühlte Fruchtsuppe in Teller füllen, jeweils 2 bis 3 EL Beeren als Einlage darauf verteilen und mit Melisse garnieren.

Tipp

Statt Beeren können Sie auch Sauerkirschen verwenden. Diese werden gewaschen, entsteint, mit Fruchtsaft oder Wasser weich gekocht und anschließend passiert. Weitere Zubereitung wie oben. Mit Wein abgeschmeckt bekommt die Fruchtsuppe eine besondere Note.

Pommersche Biersuppe

Zutaten für 4 Personen

3/4 l helles Bier
1/2 Stange Zimt
abgeriebene Zitronenschale
1 Msp Kardamom
1/4 l Milch
3 EL Zucker
3 Eigelb
1 EL Stärkemehl
2 Scheiben Toastbrot

- Bier, Zimt, Zitronenschale und Kardamom erhitzen
- Milch, Zucker, Eigelb und Stärkemehl in einer kleinen Schüssel verrühren
- Zimtstange aus dem Bier entfernen
- Milchmischung in das heiße Bier rühren, aber nicht mehr aufkochen lassen
- Toastbrot rösten und diagonal teilen
- Suppe in Teller oder Tassen gießen und mit den Brotdreiecken garniert servieren.

Tipp

Diese Suppe ist ein guter Seelenwärmer für kalte Tage. Sie können sie auch mit Rosinen oder mit Arrak verfeinern.

Biersuppe ist typisch für alle Gegenden, in denen es viele Brauereien gibt. Bei den Bundesländern führt Bayern die Statistik an, gefolgt von Baden-Württemberg und Nordrhein-Westfalen. Berühmt für seine hohe Brauereidichte ist Franken, wo es noch zahlreiche kleine Familienbrauereien mit hervorragenden Bieren gibt.

Pfälzer Weinsuppe

Zutaten für 4 Personen

1 l guter, würziger Pfälzer Weißwein
60 g Zucker
1 EL Zitronensaft
1 Stange Zimt
1 EL Speisestärke
2 Eigelb
1/8 l Sahne

Für die Einlage:

4 Scheiben Weißbrot
etwas Butter zum Rösten

- Wein mit Zucker, Zitronensaft und Zimtstange zum Kochen bringen
- Zimt herausnehmen
- Speisestärke mit 2 EL kaltem Wasser anrühren und in den kochenden Wein geben
- Gut mit einem Schneebesen umrühren und aufkochen lassen
- Eigelb mit der Sahne verquirlen und in die Suppe einrühren, nicht mehr aufkochen lassen
- Für die Einlage die Brotscheiben in Würfel schneiden und in der heißen Butter goldgelb anrösten
- Suppe mit den gerösteten Weißbrotwürfeln servieren.

Die Pfalz gehört zu den bedeutendsten Weinanbaugebieten Deutschlands. Nahezu ein Viertel aller Weine werden in der Pfalz erzeugt. Klar, dass aus dieser Gegend auch viele köstliche Rezepte mit Wein stammen.

TIPP

Sehr gut schmeckt die Suppe mit einem Gewürztraminer zubereitet.

Schwäbische Mostsuppe

Zutaten für 4 Personen

1 l Most

100 g Zucker

abgeriebene Schale von 1/2 Zitrone

3 Eigelb

1 EL Stärkemehl

- Eigelb mit Stärkemehl und 3 EL Most verrühren
- Restlichen Most, Zucker und Zitronenschale erhitzen
- Eigelbmischung unter den heißen Most rühren, nicht mehr aufkochen lassen
- In Teller verteilen und heiß servieren.

Am Rande der Schwäbischen Alb gibt es viele Streuobstwiesen. Apfel-, Birnen-, Kirsch-, und Zwetschgenbäume bestimmen das Landschaftsbild. Apfel- und Birnensorten, die nicht als Tafelobst geeignet sind, werden zum Hausgetränk, dem Most, verarbeitet. Fast jeder Grundstücksbesitzer hat sein Fässle Most im Keller.

TIPP Statt des schwäbischen Mosts können Sie auch hessischen Äppelwoi verwenden.

Kartoffeleintopf
mit Wurst oder Rindfleisch

Zutaten für 4 Personen

50 g durchwachsener Speck
1 Zwiebel
2 Karotten
1/4 Sellerieknolle
1 Stange Lauch
750 g Kartoffeln
1 1/2 l Fleischbrühe
Salz, Pfeffer
Majoran
4 Wiener Würstchen
Petersilie

- Speck in kleine Würfel schneiden
- Zwiebel schälen und klein hacken
- Karotten und Sellerie waschen, schälen und in kleine Würfel schneiden
- Lauch halbieren, waschen und in kleine Stücke schneiden
- Kartoffeln waschen, schälen und in Würfel schneiden
- Speck in einem Topf anbraten, Zwiebelwürfel und das klein geschnittene Gemüse darin andünsten
- Kartoffelwürfel dazugeben, mitdünsten und mit der Brühe ablöschen
- Mit Salz, Pfeffer und Majoran würzen und etwa 20 Minuten kochen lassen
- Würstchen in Stücke schneiden und 5 Minuten im Eintopf ziehen lassen
- Mit gehackter Petersilie bestreut servieren.

Variante

Als Einlage schmeckt auch gekochtes Rindfleisch. Dieses wird in kleine Würfel geschnitten und anstelle der Würstchen zugegeben.

Bauernsuppe

Zutaten für 4 Personen

30 g Fett
1 Zwiebel
200 g durchwachsener Speck
500 g Weißkraut
1 1/2 l Fleischbrühe
500 g Kartoffeln
Salz, Pfeffer
1/2 TL Kümmel
100 ml Sahne

- Zwiebel schälen und in kleine Würfel schneiden
- Speck würfeln
- Weißkraut putzen und in Streifen schneiden
- Kartoffeln waschen, schälen und würfeln
- Fett in einem Topf zerlassen und die Zwiebelwürfel darin glasig dünsten
- Speckwürfel dazugeben und mitdünsten
- Weißkraut dazugeben und ebenso mitdünsten
- Mit der Brühe ablöschen
- Mit Salz, Pfeffer und Kümmel würzen und etwa 20 Minuten kochen lassen
- Kartoffelwürfel zugeben und nochmals 20 Minuten weiterkochen
- Sahne unterrühren und servieren.

Weißkraut wird in verschiedenen Regionen Deutschlands angebaut. Schwerpunkte liegen in Schleswig-Holstein (Dithmarschen, Glückstadt, Insel Fehmarn), in Niedersachsen, Niederbayern, Franken, Baden-Württemberg (Filderebene) und am Niederrhein.

Tipp

Dieser herzhafte Eintopf schmeckt besonders gut mit jungem Weißkraut.

Linseneintopf
mit Würstchen

Zutaten für 4 Personen

300 g Linsen
1 Karotte
1/4 Knollensellerie
1/2 Stange Lauch
40 g Fett
1 Zwiebel
20 g Mehl
Salz
2 EL Essig
1/2 l Fleischbrühe
250 g Kartoffeln
4 Wiener Würstchen

- Linsen über Nacht in 1 l kaltem Wasser einweichen
- Karotte, Sellerie und Lauch putzen und in kleine Würfel schneiden
- Linsen mit dem Einweichwasser und dem klein geschnittenen Gemüse etwa 1 Stunde kochen
- Kartoffeln waschen, schälen und in Würfel schneiden
- Zwiebel schälen und fein würfeln
- Fett in einem Topf zerlassen, das Mehl braun anrösten, Zwiebelwürfel zugeben und mitrösten
- Mit der Brühe ablöschen und etwa 10 Minuten durchkochen lassen.
- Linsen und Kartoffelwürfel zugeben und weitere 15 Minuten garen
- Mit Salz und Essig abschmecken
- Würstchen in Scheiben schneiden, in dem Eintopf erhitzen und servieren.

In Deutschland wurden Linsen bis zum Anfang des 20. Jahrhunderts auf den kalkhaltigen Böden der Mittelgebirge und auf Lössstandorten angebaut. Aus diesen Gegenden stammen daher auch viele Rezepte mit den nahrhaften Hülsenfrüchten. Heute werden sie vor allem aus Asien importiert.

TIPP

Dieser Eintopf ist sehr sättigend und besonders für die Winterküche geeignet. Die Garzeit der Linsen verkürzt sich auf 20 Minuten, wenn Sie den Dampfdrucktopf benutzen.

Pichelsteiner

Zutaten für 4 Personen

500 g Rindfleisch
1 Zwiebel
Salz, Pfeffer
250 g Sellerieknolle
300 g Karotten
2 Petersilienwurzeln
1 Stange Lauch
1/4 Weißkraut
500 g Kartoffeln
30 g Fett
3/4 l Fleischbrühe
Petersilie

- Fleisch in gleichmäßig große Würfel schneiden
- Zwiebel schälen und fein würfeln
- Sellerie, Petersilienwurzel, Karotten und Kartoffeln schälen, waschen und in gleichmäßige Würfel schneiden
- Lauch halbieren, waschen und in gleichmäßige Stücke schneiden
- Weißkraut in gleichmäßige Würfel schneiden
- Fett in einem Topf zerlassen, Fleisch und Zwiebelwürfel zugeben und anbraten
- Sellerie, Karotten und Wurzelpetersilie auf das Fleisch geben, Lauch und Krautwürfel darauf verteilen
- Zum Schluss die Kartoffelwürfel obenauf legen
- Mit Salz und Pfeffer würzen
- Brühe aufgießen und mit geschlossenem Topfdeckel etwa 1 Stunde garen
- Mit gehackter Petersilie bestreut servieren.

Tipp

Für dieses Gericht eignet sich der Dampfdrucktopf sehr gut. Die Garzeit verkürzt sich dann auf 10 Minuten. Schichten Sie den Eintopf so, dass die Gemüsearten mit der längsten Garzeit direkt auf das Fleisch kommen, die mit der kürzesten zuletzt. Den Abschluss bilden immer die Kartoffeln.

Dieser Eintopf wurde vermutlich nach dem Ort Büchelstein, der im Bayerischen Wald liegt, benannt. Reichskanzler Bismarck soll dieses Gericht während seiner Kur in Bad Kissingen mit Vorliebe gegessen haben.

Karotteneintopf
mit Schweinebauch

Bild rechts

Zutaten für 4 Personen

400 g Schweinebauch
1 Zwiebel
Salz, Pfeffer
Paprikapulver
750 g Karotten
750 g Kartoffeln
1/2 l Fleischbrühe
Petersilie

- Schweinebauch in Würfel schneiden
- Zwiebel schälen und würfeln
- Karotten und Kartoffeln waschen, schälen und in gleichmäßige Würfel schneiden
- Schweinebauch ohne zusätzliches Fett in einem Topf anbraten, Zwiebelwürfel und Gewürze zugeben und gut durchbraten
- Karotten und Kartoffeln kurz mit durchbraten, dann mit der Brühe ablöschen und etwa 1/2 Stunde kochen lassen
- Abschmecken und mit gehackter Petersilie bestreut servieren.

Laucheintopf

Zutaten für 4 Personen

750 g Kartoffeln
750 g Lauch
400 g Kasseler
30 g Fett
1/2 l Brühe
Salz
Paprikapulver
Petersilie

- Kartoffeln waschen, schälen und in gleichmäßige Scheiben schneiden
- Lauch halbieren, waschen und in gleichmäßige Stücke schneiden
- Fleisch in Würfel schneiden
- Fett in einem Topf zerlassen und den Lauch darin andünsten
- Kartoffeln, Lauch und Fleisch lagenweise in einen Topf schichten
- Die Brühe angießen und alles etwa 45 Minuten garen
- Mit Salz und Paprikapulver abschmecken
- Mit gehackter Petersilie bestreut servieren.

TIPP
Spätzle werden traditionell vom Brettle geschabt. Dabei wird ein Teil des Teiges auf ein Spätzlebrett gestrichen. Mit einem breiten Messer oder einem Spätzleschaber werden dünne Teigstreifen in kochendes Salzwasser geschabt.

Gaisburger Marsch

Zutaten für 4 Personen

500 g Siedfleisch
1 Zwiebel
1 Karotte
1/4 Sellerieknolle
1/2 Stange Lauch
Salz
1/2 TL Pfefferkörner
1 Lorbeerblatt
500 g Kartoffeln

Für die Spätzle:

250 g Mehl
2 Eier
1/2 TL Salz

Für die Schmälze:

1 Zwiebel
30 g Butter
Schnittlauch

- Fleisch in 1 1/2 l kochendes Salzwasser geben, abschäumen
- Gemüse putzen und in grobe Stücke schneiden
- Zum Fleisch geben und etwa 1 1/2 Stunden kochen
- Kartoffeln waschen, schälen und in Schnitze schneiden
- Für die Spätzle aus Mehl, Eiern, Salz und knapp 1/8 l Wasser einen glatten Teig schlagen und 30 Minuten quellen lassen
- Die Kartoffeln in Salzwasser garen und abgießen
- In einem großen Topf leicht gesalzenes Wasser zum Kochen bringen
- Eine Schüssel mit warmem Salzwasser bereitstellen
- Spätzleteig portionsweise in einen Spätzledrücker füllen und ins kochende Salzwasser drücken
- Wenn sie wieder an die Oberfläche kommen, mit einem Schaumlöffel herausnehmen, im warmen Salzwasser schwenken und abtropfen lassen
- Zwiebel schälen und würfeln
- Butter zerlassen und die Zwiebelwürfel darin goldgelb braten
- Brühe abseihen und das Fleisch in Würfel schneiden
- Brühe aufkochen, abschmecken und in eine Terrine füllen
- Kartoffeln, Fleischwürfel und Spätzle dazugeben
- Mit der Zwiebelschmälze und Schnittlauchröllchen bestreut servieren.

Gaisburg, ein Stadtteil von Stuttgart, hat diesem schwäbischen Nationalgericht seinen Namen gegeben. Es gibt verschiedene Versionen. Eine davon erzählt Folgendes: Nach einem Krieg wurden die Männer von Gaisburg inhaftiert. Den Frauen wurde erlaubt, ihren Männern das Essen zu bringen, aber nur in einem Topf. Sie waren klug und kochten kurzerhand alle nahrhaften Zutaten zusammen als Eintopf.

Gemüseeintopf
mit Fleischklößchen

Zutaten für 4 Personen

Für den Gemüseeintopf:

1 Zwiebel
20 g Butter
300 g Kohlrabi
300 g Sellerieknolle
400 g Kartoffeln
500 g Blumenkohl
2 Tomaten
Salz, Pfeffer
1 l kräftige Fleischbrühe
3 EL gemischte Kräuter (Basilikum, Petersilie, Schnittlauch)

Für die Fleischklößchen:

250 g Hackfleisch
1 Ei
1/2 Zwiebel
1 EL Butter
3 EL Semmelbrösel
Salz, Pfeffer
Paprika

- Zwiebel schälen und fein würfeln
- Kohlrabi, Sellerie und Kartoffeln waschen, schälen und würfeln
- Blumenkohl in Röschen teilen und kurz waschen
- Butter in einem Topf zerlassen und die Zwiebelwürfel darin glasig dünsten
- Sellerie und Kartoffeln zugeben, kurz mitdünsten und die heiße Brühe angießen
- Kohlrabi und Blumenkohl zugeben und etwa alles 15 Minuten garen
- Für die Fleischklößchen 1/2 Zwiebel würfeln und in Butter glasig dünsten
- Hackfleisch, Ei, Semmelbrösel, Zwiebelwürfel und Gewürze zu einem geschmeidigen Teig arbeiten
- Mit nassen Händen walnussgroße Klößchen formen und in leicht kochendem Salzwasser 10 Minuten garen
- Tomaten an der Rundung kreuzweise einschneiden, blanchieren, häuten und vierteln
- Gemüseeintopf mit Salz und Pfeffer abschmecken
- Klößchen und Tomatenachtel dazugeben
- Mit gehackten Kräutern servieren.

Brotsuppe
von der Schwäbischen Alb

Zutaten für 4 Personen

1 Zwiebel

50 g geräucherter Schweinebauch

30 g Schweineschmalz

100 g älteres Brot (Weiß- und Schwarzbrot)

1 Prise Kümmel

1 1/2 l Fleischbrühe

Salz, Pfeffer

Muskat

1 Ei

200 g Fleischwurst

- Zwiebel schälen und in kleine Würfel schneiden
- Bauchfleisch ebenfalls fein würfeln
- Schmalz in einem Topf zerlassen, Zwiebel und Bauch darin anbraten
- Brot in Würfel schneiden und mit dem Kümmel dazugeben, zusammen durchschmoren
- Mit der Brühe auffüllen und etwa 20 Minuten kochen lassen, dabei immer wieder umrühren
- Mit Salz, Pfeffer und Muskat würzen
- Das Ei verquirlen und in die Suppe einrühren
- Mit in Scheiben geschnittener Fleischwurst servieren.

Die sparsamen Älbler haben natürlich Brotreste niemals weggeworfen, sondern zum Beispiel zu dieser herzhaften Suppe verarbeitet. Auch andere Rezepte, bei denen altbackenes Brot verwertet wird, kommen aus Schwaben: Zum Beispiel der süße Ofenschlupfer, bei dem Weißbrotschnitten mit Äpfeln, Mandeln und Eiermilch gebacken werden.

TIPP

Dieser Eintopf ist eine sehr gute Resteverwertung für altbackenes Brot.

Hamburger National

Zutaten für 4 Personen

50 g Schinkenspeck
500 g Schweinenacken
2 Zwiebeln
Salz, Pfeffer
2 Steckrüben à 500 g
1/2 l Fleischbrühe
500 g Kartoffeln
1 Lorbeerblatt
1 Nelke
1 Prise Zucker
1/2 Bd Petersilie

- Schinkenspeck und Fleisch würfeln
- Zwiebeln schälen und würfeln
- Speck in einem Topf auslassen, Zwiebelwürfel zugeben und goldbraun braten
- Fleischwürfel zugeben und gut anbraten
- Mit Salz und Pfeffer würzen und zugedeckt 10 Minuten schmoren
- Rüben schälen, waschen, vierteln und in Stifte schneiden
- Fleisch mit der Brühe aufgießen und die Rüben mit dem Lorbeerblatt und der Nelke dazugeben
- 30 Minuten kochen lassen
- Kartoffeln waschen, schälen und in Stifte schneiden
- In Salzwasser etwa 15 Minuten garen
- Kartoffeln abgießen und zum Fleisch geben
- Mit Salz und Zucker abschmecken
- Mit gehackter Petersilie bestreut servieren.

Steckrüben gehören unbedingt in dieses Hamburger Nationalgericht. Es gibt sie nur im Winter. Deshalb ist dieser Eintopf ein typisches Wintergericht.

Mangoldeintopf
mit Klößchen

Zutaten für 4 Personen
- 750 g Mangold
- 1 Zwiebel
- 1 Knoblauchzehe
- 150 g Grünkern geschrotet
- 3 EL Rapsöl
- 1 1/2 l Gemüsebrühe
- 150 g Crème fraîche
- Pfeffer
- Salz
- Curry
- Brätknödel (siehe S. 32)

- Mangoldblätter waschen, Stiele und Blätter getrennt in Stücke schneiden
- Zwiebel und Knoblauch schälen und fein würfeln
- Rapsöl erhitzen, Zwiebel und Knoblauch darin glasig dünsten
- Mangoldstiele dazugeben und mitdünsten
- Grünkern zugeben und weiterdünsten
- Mit der Brühe ablöschen und 15 Minuten leicht kochen lassen
- Mangoldblätter dazugeben und weitere 10 Minuten garen
- Crème fraîche unterrühren und mit den Gewürzen abschmecken
- Mit Brätknödeln als Einlage servieren.

Mangold ist ein altes Gemüse, das in den letzten Jahren wieder Einzug in deutsche Küchen gehalten hat. Man kann die Blätter auch wie Spinat zubereiten. Die Stiele kann man ebenfalls verwenden – man zieht die äußere dünne Haut ab, schneidet sie in Stücke und dünstet sie in Butter weich. Mit Buttersoße serviert schmecken sie besonders gut.

Lammeintopf
mit Bohnen und Zucchini

Zutaten für 4 Personen

400 g Lammfleisch aus der Schulter
2 Fleischknochen
1 Zwiebel
Salz
1 TL Pfefferkörner
500 g grüne Bohnen
300 g Kartoffeln
250 g Zucchini
1 Zwiebel
50 g Speck
1 EL Butterschmalz
1/2 Bd Petersilie

- $1^1/_4$ l Salzwasser zum Kochen bringen
- Lammfleisch und Knochen dazugeben und aufkochen lassen, mehrmals abschäumen
- Zwiebel schälen und vierteln
- Pfefferkörner und Zwiebel zum Fleisch geben und $1^1/_2$ Stunden kochen lassen, dann vom Herd nehmen
- Fleisch in der Brühe ruhen lassen
- Bohnen waschen und putzen
- Zucchini waschen, Enden abschneiden und in Scheiben schneiden
- Fleisch aus der Brühe nehmen und würfeln, Brühe abseihen
- Die Brühe aufkochen, Bohnen und Kartoffeln darin 10 Minuten garen
- Die Zucchinischeiben zugeben und alles weitere 5 Minuten garen
- Speck und Zwiebel fein würfeln und in Butterschmalz knusprig braten
- Fleisch zu den Bohnen und Kartoffeln geben, nochmals erhitzen
- Eintopf mit Speck, Zwiebeln und gehackter Petersilie bestreut servieren.

Im Norden Deutschlands gibt es besonders viele Schafe, die den Deichbewuchs kurz halten. Aus Norddeutschland stammt auch dieses deftige Rezept.

Schweinefleisch-Gemüse-Eintopf

Zutaten für 4 Personen

500 g Schweinenacken
1 Zwiebel
1 l Fleischbrühe
2 Stangen Bleichsellerie
4 Karotten
2 Kohlrabi
4 Kartoffeln
30 g Butterschmalz
Salz, Pfeffer
Petersilie

- Fleisch in Würfel schneiden
- Zwiebel schälen und fein würfeln
- Gemüse waschen und putzen
- Bleichsellerie in Streifen, Karotten und Kohlrabi in Stifte schneiden
- Kartoffeln würfeln
- In einem Topf das Fett erhitzen und die Fleischwürfel mit den Zwiebeln darin anbraten
- Mit der Brühe ablöschen
- Gemüse zugeben, mit Salz und Pfeffer würzen
- 20 Minuten bei mittlerer Hitze kochen
- Kartoffelwürfel zugeben und weitere 15 Minuten kochen
- Mit Muskat würzen
- Mit gehackter Petersilie bestreut servieren.

TIPP

Dieser Eintopf ist ein typisches Wintergericht. Er eignet sich wunderbar als deftige „Vorspeise" zu einem warmen, süßen Gericht wie Apfelküchle, Arme Ritter oder Kirschenmichel.

Lammeintopf
mit Weißkraut und Kartoffeln

Bild rechts

Zutaten für 4 Personen

500 g Lammfleisch aus der Schulter
300 g Kartoffeln
2 Zwiebeln
300 g Weißkraut
Salz, Pfeffer
1/2 TL Kümmel
1/2 l Fleischbrühe
Petersilie

- Lammfleisch in Würfel schneiden
- Kartoffeln waschen, schälen und würfeln
- Zwiebeln schälen und fein hacken
- Weißkraut putzen und in grobe Streifen schneiden
- Alles abwechselnd in einen großen Topf schichten, dabei jede Schicht würzen
- Mit Brühe auffüllen und zugedeckt etwa 50 Minuten bei mittlerer Hitze garen
- Mit gehackter Petersilie bestreut servieren.

Auf den Deichen an Deutschlands Küsten weiden die so genannten „Salzlämmer". Durch die salzhaltige Küstenluft lagert sich auch Salz am Gras ab, das die Schafe fressen. Ihr Fleisch schmeckt daher besonders würzig.

Feuertopf

Zutaten für 4 Personen

1 Dose Sauerkraut (850 ml)
30 g Butterschmalz
1/2 l Gemüsebrühe
je 1 rote und 1 grüne Paprikaschote
1 Glas Silberzwiebeln
Salz, Pfeffer
Paprikapulver
150 g saure Sahne
500 g Kochwurst

- Butterschmalz in einem Topf zerlassen und das Sauerkraut darin andünsten
- Brühe angießen und zum Kochen bringen
- Paprika halbieren, entkernen, weiße Haut entfernen, waschen und in Streifen schneiden
- Silberzwiebeln abgießen und zum Sauerkraut geben
- Zugedeckt 20 Minuten garen
- Wurst würfeln und im Kraut erhitzen
- Mit Salz, Pfeffer und Paprika pikant abschmecken
- Saure Sahne unterrühren und servieren.

TIPP

Dieser Eintopf schmeckt auch aufgewärmt sehr gut. Er eignet sich hervorragend als Partysuppe.

Gulaschsuppe
mit Kartoffeln

Zutaten für 4 Personen

400 g mageres Ochsenfleisch
40 g Öl
4 Zwiebeln
1 Knoblauchzehe
2 TL Rosenpaprika
Salz, Pfeffer
20 g Mehl
Majoran
Kümmel
2 EL Tomatenmark
1 1/2 l Brühe
100 ml Rotwein
400 g Kartoffeln
4 EL Sahne

- Ochsenfleisch in gleichmäßige Würfel schneiden
- Zwiebeln und Knoblauch schälen und würfeln
- Brühe erhitzen
- Öl in einem Topf erhitzen, Fleischwürfel darin gut anbraten
- Zwiebeln und Knoblauch zugeben und alles gut durchbraten
- Mehl darüber stäuben und mitrösten
- Gewürze und Tomatenmark zugeben und kurz durchdünsten
- Mit Rotwein und kochender Brühe ablöschen und bei mäßiger Hitze $1^1/_4$ Stunden kochen lassen
- Kartoffeln waschen, schälen und in Würfel schneiden
- Zum Fleisch geben und 15 Minuten weiterkochen
- Suppe abschmecken, Sahne unterrühren und servieren.

Tipp

Dies ist ein idealer Partyeintopf, der gut vorbereitet und lange warm gehalten werden kann.

Winzertopf

Zutaten für 4 Personen

500 g Rindfleisch aus der Schulter
50 g Butterschmalz
1 Zwiebel
1 Knoblauchzehe
1 Tasse Rotwein
400 g Weißkraut
200 g Karotten
200 g Sellerieknolle
1 Stange Lauch
1 l Fleischbrühe
Salz, Pfeffer
1 Lorbeerblatt
250 g Kartoffeln
1/2 Bd Petersilie

- Das Fleisch würfeln
- Zwiebel und Knoblauchzehe schälen und fein hacken
- Butterschmalz in einem Topf erhitzen, Fleischwürfel darin gut anbraten
- Zwiebel und Knoblauch dazugeben und gut durchbraten
- Mit Rotwein ablöschen
- Das Gemüse waschen, putzen und klein schneiden
- Zum Fleisch geben, mit der Brühe aufgießen und würzen
- 50 Minuten bei mittlerer Hitze kochen lassen
- Kartoffeln waschen, schälen, würfeln und zum Fleisch geben
- 10 Minuten weiterkochen
- Lorbeerblatt entfernen, abschmecken und mit gehackter Petersilie bestreut servieren.

Tipp

Es empfiehlt sich, zum Kochen einen guten Wein zu verwenden, zum Beispiel den, der zum Essen auch getrunken werden soll.

Gemüse-Reis-Eintopf

Zutaten für 4 Personen

100 g weiße Bohnenkerne
1 Zwiebel
1/2 Peperoni
1 Lorbeerblatt
100 g Staudensellerie
100 g Karotten
100 g Zucchini
1 rote Paprika
100 g grüne Bohnen
1/2 Stange Lauch
1/2 Kopf Wirsing
100 g durchwachsener Speck
2 EL Öl
Salz, Pfeffer
40 g Reis
1/2 Bd Petersilie

- Bohnen am Vortag in 1 l kaltem Wasser einweichen
- Zwiebel schälen und vierteln
- Bohnen im Einweichwasser mit der Zwiebel, der Peperoni und dem Lorbeerblatt zum Kochen bringen und in $1^1/_2$ Stunden garen
- Staudensellerie putzen, waschen und in Scheiben schneiden
- Karotten schälen, Zucchini und Paprika putzen, alles in Würfel schneiden
- Grüne Bohnen putzen und in Stücke schneiden
- Lauch waschen und in Scheiben schneiden
- Wirsing in Streifen schneiden
- Speck würfeln und in Öl ausbraten
- Gemüse bis auf Wirsing und Bohnen zugeben, durchdünsten, dann Bohnen zufügen und mit der Brühe ablöschen
- Salzen, pfeffern und 10 Minuten kochen lassen
- Wirsing und Reis zugeben, weitere 20 Minuten kochen lassen
- Abschmecken und mit Petersilie bestreut servieren.

TIPP

Die Gemüseauswahl können Sie nach Belieben austauschen. Besonders gut schmeckt dieser Eintopf mit geriebenem Käse bestreut.

Jägertopf

Zutaten für 4 Personen

500 g Wildfleisch (Reh, Hirsch oder Wildschwein)
50 g durchwachsener Speck
2 Zwiebeln
400 g Pfifferlinge
300 g Kartoffeln
250 g Karotten
20 g Butterschmalz
Salz, Pfeffer
100 ml Rotwein
1/4 l Brühe
Preiselbeeren

- Das Fleisch in grobe Würfel schneiden
- Den Speck klein würfeln
- Zwiebeln schälen und fein hacken
- Pilze putzen
- Kartoffeln und Karotten waschen, schälen und in Scheiben schneiden
- In einem Topf Speckwürfel in Butterschmalz ausbraten
- Fleisch- und Zwiebelwürfel zugeben und gut anbraten
- Mit Salz und Pfeffer würzen
- Pilze, Karotten- und Kartoffelscheiben auf das Fleisch schichten, dabei mit Salz und Pfeffer würzen
- Mit Rotwein und Brühe aufgießen und zugedeckt 30 bis 40 Minuten schmoren lassen.
- Mit Preiselbeeren servieren.

Eintöpfe müssen nicht immer schlichte Hausmannskost sein. Dass man auch Gästen einmal einen Eintopf servieren kann, beweist dieses besondere Wildgericht.

Fischeintopf
mit Seelachsfilet und Fenchel

Zutaten für 4 Personen

600 g Seelachsfilet
3 Zwiebeln
1 Knoblauchzehe
1 Zucchini
1 Fenchelknolle
2 EL Öl
1 Dose geschälte Tomaten (850 ml)
1/2 l kräftige Fischbrühe
Zitronensaft
Salz, Pfeffer
4 Scheiben Weißbrot
1 Knoblauchzehe

- Seelachsfilet in mundgerechte Stücke schneiden
- Zwiebeln und Knoblauchzehe schälen und hacken
- Zucchini und Fenchelknolle waschen, halbieren und in Scheiben schneiden
- Öl in einem Topf erhitzen, Zwiebel und Knoblauch darin anbraten
- Zucchini und Fenchel zugeben und mitbraten
- Die geschälten Tomaten in Stücke schneiden und abtropfen lassen
- Die Flüssigkeit auffangen und mit der Fischbrühe auf etwa 1 l auffüllen
- Brühe mit den Tomaten in den Topf geben und 5 Minuten kochen lassen
- Mit Salz, Pfeffer und Zitronensaft würzen
- Fischstücke zugeben und 5 Minuten ziehen lassen
- Weißbrot toasten und mit Knoblauch einreiben
- Jeweils eine Scheibe Weißbrot in einen vorgewärmten Teller legen, den Fischeintopf darauf verteilen und servieren.

TIPP

Wenn am Fenchel das Grün noch frisch ist, kann man es hacken und den Eintopf vor dem Servieren damit bestreuen.

Fischpichelsteiner

Zutaten für 4 Personen

600 g Seefischfilets
3 EL Zitronensaft
Salz
40 g Öl
1 Zwiebel
2 Karotten
1/2 Sellerieknolle
2 Stangen Lauch
500 g Kartoffeln
Salz
Paprikapulver
300 ml Brühe
Petersilie

- Fischfilets in mundgerechte Stücke teilen und mit Zitronensaft beträufeln
- Zwiebel schälen und fein hacken
- Karotten, Sellerie und Kartoffeln waschen, schälen und in Scheiben schneiden
- Lauch halbieren, waschen und in Scheiben schneiden
- Öl in einem Topf erhitzen und Zwiebelwürfel darin anbraten
- Aus dem Topf nehmen
- Gemüse, Kartoffeln und Zwiebeln lagenweise einschichten, dabei leicht salzen und mit Paprika bestreuen; die oberste Lage sollten Kartoffelscheiben sein
- Brühe angießen und bei mäßiger Hitze 20 Minuten garen
- Fischstücke zugeben, leicht salzen und in weiteren 10 Minuten fertig garen
- Mit gehackter Petersilie bestreut servieren.

Seefisch ist eine gute Jodquelle und daher besonders wertvoll für die Ernährung. Bei Menschen mit normaler Schilddrüsenfunktion sollte er mindestens alle zwei Wochen auf dem Speiseplan stehen.

Gemüsepichelsteiner

Zutaten für 4 Personen

30 g Öl
1 Zwiebel
3 Karotten
2 Petersilienwurzeln
1/2 Sellerieknolle
2 Stangen Lauch
250 g grüne Erbsen
750 g Kartoffeln
Salz, Pfeffer
1/2 l Gemüsebrühe
1/2 Bd Petersilie

- Karotten, Petersilienwurzeln, Sellerie und Kartoffeln waschen, schälen und würfeln
- Lauch halbieren, waschen und in Scheiben schneiden
- Erbsen auspalen
- Zwiebel schälen und fein hacken
- Öl in einem Topf erhitzen und die Zwiebel darin andünsten
- Vorbereitetes Gemüse lagenweise einschichten, die Kartoffeln bilden die oberste Schicht
- Die gut abgeschmeckte Brühe angießen und in 30 Minuten garen
- Mit gehackter Petersilie bestreut servieren.

Dieser Eintopf ist die vegetarische Abwandlung des klassischen Pichelsteiners. Sie finden das Originalrezept auf Seite 86.

TIPP

Die Zutaten für diesen Eintopf können Sie natürlich je nach Jahreszeit abwandeln.

Gemüsegulasch

Zutaten für 4 Personen

4 EL Öl
2 Zwiebeln
250 g Paprikaschoten
150 g Pilze
150 g Karotten
150 g grüne Bohnen
300 g Tomaten
Salz
Paprika
500 g Kartoffeln
1/2 l Brühe
Petersilie

- Zwiebeln schälen und hacken
- Paprikaschoten halbieren, entkernen, weiße Trennhäute entfernen und in Streifen schneiden
- Pilze abreiben und in Scheiben schneiden
- Karotten waschen, schälen und würfeln
- Grüne Bohnen kleinfingerlang schneiden
- Tomaten häuten und vierteln
- Kartoffeln waschen, schälen und in Würfel schneiden
- Öl in einem Topf erhitzen und die Zwiebelwürfel darin hellgelb anbraten
- Gemüse zugeben, alles gut durchbraten und würzen
- Kartoffelwürfel zugeben und mit heißer Brühe angießen
- Bei leichter Mittelhitze 20 Minuten garen
- Mit gehackter Petersilie bestreut servieren.

Tipp

Zu diesem leichten vegetarischen Gericht passt knuspriges Weißbrot oder Baguette.

Bayerischer Gemüsetopf

Zutaten für 4 Personen

40 g Öl
1 Zwiebel
1/2 Kopf Weißkraut
500 g Karotten
500 g Kartoffeln
Salz
Kümmel
1/2 l Brühe
Petersilie

- Kraut putzen, waschen, vierteln und in Streifen schneiden
- Karotten waschen, schälen und in Scheiben schneiden
- Kartoffeln waschen, schälen und in etwas dickere Scheiben schneiden
- Zwiebel schälen und fein hacken
- Öl in einem Topf erhitzen und die Zwiebelwürfel darin anbraten
- Lagenweise Kraut, Karotten und Kartoffeln einschichten, würzen und mit heißer Brühe aufgießen
- Zugedeckt bei mittlerer Hitze 30 Minuten garen
- Mit gehackter Petersilie bestreut servieren.

TIPP

Reichen Sie dazu ein kräftiges Bauernbrot oder Vollkornbrot.

Weißkraut und Kümmel sind eine typisch bayerische Kombination, wie man sie beispielsweise auch im bayerischen Krautsalat findet. Der Kümmel würzt und hilft außerdem bei der Verdauung.

Sauerkrauteintopf

Zutaten für 4 Personen

2 Kartoffeln

2 Karotten

1 Stange Lauch

250 g Sauerkraut

1/2 l Gemüsebrühe

2 Eigelb

150 g Crème fraîche

Salz, Pfeffer

2 Scheiben Vollkorntoast

1 Knoblauchzehe

- Kartoffeln und Karotten waschen, schälen und grob raspeln
- Lauch halbieren, waschen und in Scheiben schneiden
- Sauerkraut klein schneiden
- Alles zusammen 15 Minuten in der Brühe kochen
- Eigelb mit Crème fraîche verquirlen und in den Eintopf rühren
- Mit Salz und Pfeffer abschmecken
- Brot toasten, mit der Knoblauchzehe einreiben, würfeln und mit dem Eintopf servieren.

Sauerkraut ist sehr gesund. Es ist kalorienarm und enthält viel Vitamin C. Früher nahmen die Seefahrer gerne ein Fass Sauerkraut mit auf ihre Fahrt. Das Kraut war lange haltbar und schützte die Seeleute vor dem gefürchteten Skorbut.

Rezeptverzeichnis

Bildquellen
Gerhard Bäuerle: S. 10
Wolfgang Redeleit: S. 4, 7 oben, 8
Hans Reinhard: S. 9 oben, 14, 15
Ingo Wandmacher: S. 7 unten, 13
Alle anderen Fotos und die Rezeptfotos stammen von Fridhelm Volk.

Bibliografische Information Der Deutschen Bibliothek
Die Deutsche Bibliothek verzeichnet diese Publikation in der Deutschen Nationalbibliografie; detaillierte bibliografische Daten sind im Internet über http://dnb.ddb.de abrufbar.

Haftung
Die Autorin und der Verlag haben sich um richtige und zuverlässige Angaben bemüht. Fehler können jedoch nicht vollständig ausgeschlossen werden. Eine Garantie für die Richtigkeit der Angaben kann daher nicht gegeben werden. Haftung für Schäden und Unfälle wird aus keinem Rechtsgrund übernommen.

Wollgrasweg 41, 70599 Stuttgart (Hohenheim)
E-Mail: info@ulmer.de
Internet: www.ulmer.de
Printed in Germany
Lektorat: Dr. Gabriele Lehari, Ina Vetter
Umschlag- und Innengestaltung: WILDE2, Stuttgart
Herstellung: Gabriele Wieczorek
Reproduktion: BRK, Stuttgart
Druck und Bindung: Offizin Andersen Nexö, Leipzig

ISBN: 3-8001-4413-1

Buchtipps

Ein vergnügliches Lesebuch mit vielen Rezepten – nicht nur für Schwaben!
Spätzle, Maultaschen & Co. E. Knittel, R. Maurer. 2003. 190 Seiten, 56 Farbf., 5 Zeichn. ISBN 3-8001-3877-8.

Kochen Sie doch einmal selber echt fränkisch! Einfache Rezepte, Schritt für Schritt erklärt.
Landfrauen-Rezepte aus Franken. B. Rias-Bucher, F. Volk. 2003. 128 Seiten, 75 Farbfotos. ISBN 3-8001-4217-1.

Lernen Sie Faule-Weiber-Klöße, Hosseküh und Schnapphütes kennen!
Landfrauen-Rezepte aus Thüringen. O. Tietz, F. Volk. 2003. 128 Seiten, 75 Farbfotos. ISBN 3-8001-4220-1.

Gekonnte Fotos regen den Appetit an! Diese Rezepte gelingen leicht!
Landfrauen-Rezepte Schwaben. C. Daiber, F. Volk. 2003. 128 S., 75 Farbf. ISBN 3-8001-4238-4.

Abwechslung auf Ihre Kaffeetafel!
Landfrauen-Rezepte – Backen. O. Tietz, F. Volk. 2003. 128 S., 75 Farbf. ISBN 3-8001-4222-8.

Ob edler Fisch wie Bodenseekretzer, deftige Braten wie gefüllte Kalbsbrust oder köstliches Gebäck wie die knusprigen Pfittele – bei der badischen Küche wird's niemals langweilig!
Landfrauen-Rezepte aus Baden. C. Daiber, F Volk. 2004. Etwa 128 Seiten, 65 Farbfotos. ISBN 3-8001-4412-3.

Landfrauen-Rezepte aus Bayern. B. Rias-Bucher, F. Volk. 2004. Etwa 128 Seiten, 65 Farbfotos. ISBN 3-8001-4219-8.

Köstliche und typische Gerichte aus ganz Deutschland.
Echte LandFrauen Rezepte. Köstliches aus allen Landschaften Deutschlands. Deutscher Landfrauenverband. 2003. 144 Seiten, 66 Farbfotos. ISBN 3-8001-4259-7.